JN075975

物権法

大場浩之

成文堂

はしがき

　本書は、物権法の教科書でもあり、体系書でもある。また、民法の学修にあたっての入門書として利用することもできるよう、工夫している。このため、論じるべき内容を厳選しつつも重複をいとわず、文章をできる限り平易なものとし、図表も大きめに作成して多用した。また、余白もあえて広めにとっている。いずれも、読者の理解を助けるため、民法・物権法に関心をもってもらうためである。

　本書の対象範囲は、民法典第二編の第一章から第六章までである。つまり、民法175条から294条までを対象とする。したがって、本書は物権法を対象としつつも、その範囲は担保物権法と称される領域を除いた部分ということになる。本書の対象となる物権法の分野のことを、物権法総論と呼ぶこともある。

　物権法総論と担保物権法は、いずれも物権編に属する領域ではあるが、その理論や実務における位置づけは、大きく異なっている。物権法総論においては、物権法全体を規律する原則や一般的な解釈論が展開されつつ、所有権と用益物権を対象とした検討がなされる。これに対して、担保物権法は、債権を担保するための物権に考察対象を限定する。債権がからむために、債権法と密接な関係をもつ。むしろ、金融法を構成する一分野と評価することもできる。

　また、私自身は民法学の研究者として、これまで『不動産公示制度論』（成文堂・2010）・『物権変動の法的構造』（成文堂・2019）・『物権債権峻別論批判』（成文堂・2023）という3冊の研究書を刊行してきた。これらはいずれも物権法総論に密接に関係する研究内容となっており、いずれもドイツ法を比較対象とした研究成果である。つまり、私の研究者としての主戦場は、比較法としてドイツ法を用いた物権法総論の分野にある。このため、私自身の単著としての教科書・体系書である本書においては、物権法総論に的を絞って講述

することとした。物権法総論に関する諸論点をさらに詳細に考究したい読者は、上記研究書をも参考にしてほしい。

　日本の民法典は、各規定から共通項を抽出して総則として措定し、また、物権と債権の区別をも前提とするという特徴をもつ、いわゆるパンデクテンシステムを採用している。本書の読者としては、物権法のみならず民法全般の初学者をも想定している。このため、冒頭において、民法を学修するにあたって役立つ情報、とりわけ民法の基本構造に関する情報も提供している。

　物権とは、物を対象とする権利であるということができる。このことを前提として、物権法においては、財産の帰属および支配に関する一般的な規範が整序されている。その中で理論的にも実務的にも重要なのが、物権種類論・物権効力論・物権変動論と称される問題群である。まず、各種の物権のうち、典型的なものとして位置づけられるのは所有権である。また、物権の効力には、各種物権に共通するものと異なるものがある。そして、物権変動とは、物権の発生・変更・消滅のことである。

　そこで、本書においては、上記３つのカテゴリーに大きく分けて議論を展開している。この分析スタイルは、類書にほとんどみられない本書の際立った特徴と考えている。この点において、本書は、物権法に関する標準的な教科書であるとともに、私の物権法に関する体系書ともいえる。このため、各論点によっては、判例や通説とは異なる私見を提示している部分もある。読者には、まずもって判例や通説をきちんと理解してほしい。しかし、それだけでは、学問とはいえない。私見の部分を読むことを通じて、判例や通説とは異なる見解の存在とその意義を学ぶとともに、学問上の刺激を受けてほしいと願っている。そして、私見に関する詳しい論証は、上述した３冊の研究書においてなされているから、関心のある読者は、これら研究書にあたっていただきたい。

　大学における大人数講義は、受講者の予習を前提とした上で行われている。予習の有無によって、教場での理解度には大きな差が出てくるであろう。そこでの充実度もまた、前提知識の多寡によって大きく左右されるといってよい。だから、教員にとっても受講者にとっても有意義な時間を過ごすこと

ができるようにするため、受講者には予習を行った上で出席することを強く勧める。本書は、そのような講義の予習用にも使用されることを想定している。もちろん、独習書としても大いに活用してほしい。これにより、司法試験などの各種試験の対策としても利用することができるだろう。

　本書においては、物権法に関連する民法の条文をはじめとして、多くの最新の条文を引用している。また、物権法を学修するにあたって重要な判例を中心としつつ、多数の裁判例を紹介している。判例の略記は、法律学の教科書における一般の例によっている。

　だが、学説については、本書が教科書としての性質を有する書物であることから、研究論文でなされるような紹介をすることはあえて避けた。とはいえ、もちろん、本書は、多くの先達による優れた研究成果、とくに単著の体系書・教科書などを基礎としながら執筆されたものである。

　とりわけ、生熊長幸『物権法』（三省堂）・石口修『民法要論Ⅱ（物権法）』（成文堂）・石田文次郎『物權法論』（有斐閣）・石田穰『物権法』（信山社）・稲本洋之助『民法Ⅱ（物権）』（青林書院新社）・内田貴『民法Ⅰ（総則・物權総論）』（東京大学出版会）・梅謙次郎『民法要義（巻之二・物權編）』（有斐閣）・近江幸治『民法講義Ⅱ（物権法）』（成文堂）・大村敦志『新基本民法2（物権編）』（有斐閣）・於保不二雄『物権法（上）』（有斐閣）・加藤雅信『新民法大系Ⅱ（物権法）』（有斐閣）・金山正信『物権法（総論）』（有斐閣）・鎌田薫『民法ノート物権法①』（日本評論社）・川井健『民法概論2（物権）』（有斐閣）・河上正二『物権法講義』（日本評論社）・川島武宜『民法Ⅰ（総論・物権）』（有斐閣）・北川善太郎『物権（民法講要Ⅱ）』（有斐閣）・近藤英吉『物權法論』（弘文堂書房）・佐久間毅『民法の基礎2（物権）』（有斐閣）・七戸克彦『物権法Ⅰ（総論・占有権・所有権・用益物権）』（新世社）・清水元『プログレッシブ民法（物権法）』（成文堂）・末川博『物權法』（日本評論社）・末弘嚴太郎『物權法（上巻）』（有斐閣）・鈴木禄弥『物権法講義』（創文社）・滝沢聿代『物権法』（三省堂）・田髙寛貴『クロススタディ物権法』（日本評論社）・田山輝明『物権法』（成文堂）・富井政章『民法原論（第二巻・物權上）』（有斐閣）・中舎寛樹『物権法（物権・担保物権）』（日本評論社）・野村豊弘『民法Ⅱ（物権）』（有斐閣）・平野裕之『物

権法』（日本評論社）・広中俊雄『物権法』（青林書院）・藤原正則『物権法（物権・担保物権）』（新世社）・舟橋諄一『物権法』（有斐閣）・星野英一『民法概論Ⅱ（物権・担保物権）』（良書普及会）・槇悌次『物権法Ⅰ』（有斐閣）・松井宏興『物権法』（成文堂）・松岡久和『物権法』（成文堂）・安永正昭『講義・物権・担保物権法』（有斐閣）・山川一陽『物権法講義』（日本評論社）・山野目章夫『民法概論2（物権法）』（有斐閣）・柚木馨『判例物権法総論』（有斐閣）・横田秀雄『物權法』（清水書店）・吉田邦彦『所有法（物権法）・担保物権法講義録』（信山社）・我妻榮『物権法（民法講義Ⅱ）』（岩波書店）などからは、それぞれの旧版と最新版をとわず、たくさんの教えと多大な学問上の刺激を受けた。

　さらに、注釈書としては、『注釈民法』（有斐閣）・『新版・注釈民法』（有斐閣）・『新注釈民法』（有斐閣）・『基本法コンメンタール』（日本評論社）・『新基本法コンメンタール』（日本評論社）のそれぞれのシリーズ中における、物権法に関連する部分が大いに参考になる。また、判例集としては、『民法判例百選Ⅰ・Ⅱ・Ⅲ』（有斐閣）が最も重要であるし、演習書としては、『Law Practice 民法Ⅰ・Ⅱ・Ⅲ』（商事法務）がきわめて有益である。これらの物権法に関する叙述も、ぜひ読んでほしい。

　私が自らの進路として民法の研究者を志すきっかけを与えてくださったのは、田山輝明先生（早稲田大学名誉教授）である。私は、学部から大学院を経て、さらには専任教員として就職してから今日にいたるまで、先生から懇切丁寧かつ温かいご指導をいつも賜ってきた。本書の内容を構想し、執筆することができたのも、ひとえに田山先生からの学恩の賜物である。心より感謝申し上げたい。

　また、校正作業にあたり、私の研究室出身である梶谷康久氏（朝日大学講師）・李采雨氏（帝京大学助教）・三井瑞生氏（早稲田大学助手）から、懇切丁寧なご教示をいただいた。本書が少しでも意義ある内容を備えているとすれば、それはひとえに彼らのおかげである。とはいえ、それでもなお残された課題については、もちろん私に全責任がある。

　本書の執筆にあたっては、成文堂社長の阿部成一氏、同編集部長の飯村晃弘氏および同営業部の清水太一氏から多大なご配慮を頂戴した。とくに紙の

書籍の出版状況は、近年ますます厳しくなっている。このようなさなか、研究書のみならず教科書まで出版することを許していただいた。さらに、飯村氏は索引の作成にも尽力してくださった。温かいご配慮に、ここに記して心より感謝を申し上げたい。

　そして、私事ではあるが、妻智帆に最大限の感謝の気持ちを伝えたい。妻は、研究者・教育者・大学人としての私を、いつも完璧にサポートしてくれている。妻がいなければ、公私にわたる私の存在はありえない。

　なお、本書は、日本学術振興会科学研究費助成事業 2019 年度基盤研究（C）19K01379 の助成を受けて行った研究成果の一部である。

2023 年 5 月吉日

長野県にて八ヶ岳を望みつつ

大場浩之

目　　次

はしがき

第一部　物権種類論

第二部　物権効力論

第一章　優先的効力

第一部　物権種類論

第一章　民法入門

一　民法とは

1　私法の一般法

　まず、そもそも民法とはなにか。民法とは、私法の一般法である。たしかに、このような表現がなされることは多い。しかし、これだけでは民法を具体的にイメージすることは難しいであろう。そもそも、民法といわれて最初になにを思い浮かべるであろうか。六法全書の中の民法典であろうか。それが正しいイメージの1つであることは間違いない。しかし、たとえばすでに民法総則を履修してきた者にとって、民法典をただ読了するだけでは民法学を把握することができないということは、もはや明らかなのではないか。

　法について検討を試みるとき、重要な視点として、規範・事実・結論の3点をあげることができる。つまり、ある法的問題に関連する規範としてのルールがあるところ、そのルールが関連しそうな事案が生じたので、規範の解釈をし、事実を認定して、両者を重ね合わせて結論を出す、という三段論法である。とりわけ学部レベルにおいては、このうちルールたる規範の解釈論を学ぶことが主たる課題となる。

　民法は、この規範群の中で、私法の一般法と称されている。この意味するところは、憲法や刑法などの公法との対比で私法、商法などの特別法との対比で一般法ということであるが、この区別はあくまで相対的なものであり、私法の一般法と性質決定されただけでは、民法の学修が進んだことにはほと

んどならない。

　それでは、民法はどのような内容を有しているのか。民法と一口にいっても、その対象は民法典だけにとどまらない。とくに物権法を検討対象とする場合には、不動産登記法などの付属法規をも視野に入れる必要がある。すなわち、民法典に定められている規律だけを学修すればよい、というわけではないのである。

2　パンデクテンシステム

　そして、民法は、権利と義務によって構築された壮大な体系をなしている。民法典の編別構成をみればわかるように、そこでは、物権と債権を区別した上でのパンデクテンシステムが採用されている（**図表 1-1**）。総則規定を括り出し、抽象化された文言が多く盛り込まれ、法典としての明晰性が追求されている一方で、初学者が学修をする対象としては多くの障害が立ちはだかっているというのが現実であろう。

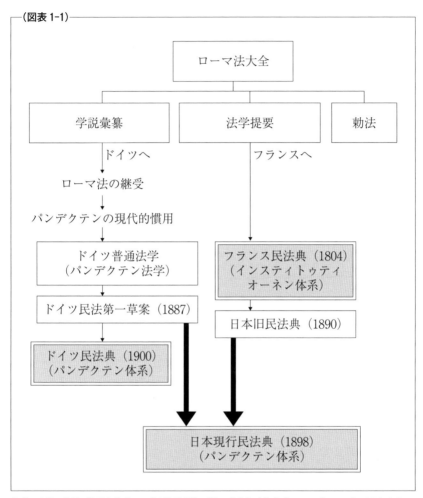

(図表 1-1)

出典：近江幸治『民法講義Ⅰ（民法総則）（第 7 版）』（成文堂・2018）32 頁の図をもとに
　　作成

二　民法の学修方法について

1　予習の重要性

　以上のような性質を有する民法を学修するにあたっては、どのような点に留意するべきなのか。まず、大学における専門教育全般にいえることではあるが、講義において教員から伝えられる内容と時間は限られている。このことから、講義の場において述べられる内容は、受講者の予習を不可欠なものとしているといってよい。すくなくとも、当該履修内容に関してまったく白紙の状態で教場に赴いて講義を聴講しても、その内容を把握することはきわめて困難であろう。前提となる知識を欠いている以上、講義内容を理解することができないのは当然である。

　大学における大人数講義の無味乾燥さを嘆く学生が多く存在していることは、もちろん教員側でも認識しているが、必要な予習をした上で講義に臨めば、理解度がかなり深まることは間違いない。そこでまず、受講者には、必ず予習をした上で講義に出席することを強く勧める。

　なお、大教室で大人数の中で講義の内容をよく理解するには、集中力を要する。この集中力を涵養するために、大人数講義は実は有益である。そこで得た学識に基づいて、少人数で行われる演習の授業に参加しながら教員や学生同士で議論をすることによって、民法学の学修はさらに深まる。

2　全体の俯瞰

　つぎに、民法典がパンデクテンシステムを採用している以上、初学者にとっては、民法のどの部分から履修を始めても、未履修部分が突如現れることは避けられない。具体的なケースを思い浮かべやすい契約法・不法行為法・家族法などの分野から学修を始めることによって、初学者の民法学への導入が容易になることは否定しないが、それでもなお、未履修部分を完全に

避けつつ順序立てて民法の学修をすべて終えることは不可能であろう。

　したがって、どの部分から学修を始めるとしても、できる限り早い段階で、民法全体を俯瞰することのできる書物にあたり、民法全体のイメージを把握することが肝要といえる。その上で、もしくは、同時並行で、民法の各分野の学修を進めていくのである。

　その際にも、未履修部分については、さしあたってある程度の理解でとどめておき、財産法であれば、総則・物権・債権についての検討を一度終えてしまう。その上で、理解が不十分なところを中心としながら、二度目の検討を行うのである。一読してすべてわかることはまずないであろう。粘り強く繰り返し取り組むことが必須である。

3　重視すべきポイント

(1)　具体例との関連づけ

　民法学の学修にあたって重視すべきポイントは、検討の対象となっている法概念の法的性質・要件・効果それぞれについて、具体例を思い描きながら理解していくことである。その際、まずもってノーマルのケースを念頭におくべきである。例外のケースについては、ノーマルのケースを十分に理解した上で検討すべきであろう。

(2)　判例の重要性

　とくに、論点といわれる問題を検討するにあたっては、さまざまな見解が主張されている。そこでは、まずもって判例の見解を知らなければならない。判例とは、最高裁判所によって示された判決のうち、同種の事案が生じた場合に同様の判断を示すと思われるその内容であり、かつ、当該事案との関係で決定的な核心部分のことをさす。実務はこの判例を重視しながら営まれる。なぜならば、判例は、その後の同種事案に関する訴訟が提起された場合に、その判断の基礎となるからである。したがって、判例は、裁判規範でもあるし、行為規範でもある。だから、判例の見解に賛同するとしても反論す

るとしても、まずは判例を知らなければ、議論が進まないのである。

(3)　学説の意義

　そして、判例について十分理解した上で、つぎは学説の見解を学修するべきである。学説の中でも、まずは通説とされる見解を理解し、その上で、判例や通説の見解とは異なる有力な反対説を検討すべきである。判例だからといって、その見解が今後も変わらないとは限らない。実際に判例変更がなされたケースはいくつもある。学説における議論が、判例変更の契機になったことは多い。だから、判例を知るといっても、ただそれを受け入れるのではなく、批判的に検討した上で、理解することが重要である。このためにも、学説を検討する意義がある。

(4)　学問としての民法学

　また、学問一般にいえることではあるけれども、各検討事項の関連づけと分解、個別ケースそれぞれからの共通項の抽出と例外則の据え置き、といった作業を要する。いずれの学問的営為についても、専門的知識と判断力が試される。このような知識と判断力を涵養するためにこそ学問は存在するのであり、民法学も同様である。

4　必須の教材

(1)　教科書

　民法の学修をするにあたっては、教科書をせめて1冊は自ら選択して購入し、読了することが必要である。先輩や友人から譲り受けるのではいけない。同じ物権法分野の教科書にも、さまざまなものがある。単著もあれば共著もあり、内容も初学者向けから研究者向けまでいろいろである。書店で実物を読み比べて、読了できそうだと感じる教科書を自ら選別し、自ら購入して自身の所有物として何度も読み直すことこそが、実りある本当の学修になる。借りてきた教科書では、自分の希望にそうようにアンダーラインを引いたり

することも許されない。それでは、学修効果が落ちてしまうであろう。

(2)　多読の勧め

　そして、その上で、余裕があれば、ほかの教科書も読み進めることで、同じ分野や論点の学修をするにあたってさまざまな考え方を知ることにつながるだろう。そもそも、法律学・民法学には、真理とされる唯一の命題・解答は存在しない。だからこそ、同じ問題についてもたくさんの異なる見解があることを、いつも肝に銘じておいてほしい。これを知るためにも、学修が進んだ読者には、体系書や教科書をさらに多読することを強く勧める。

　とくに物権法総論をその内容として含んでいる参考文献については、はしがきで案内しておいた。これら参考文献の中には、古典から、現行法に対応している最新の教科書までが含まれている。たしかに、各種試験のための学修をする場合には、現行法の解説に重きをおいた教科書が必須である。しかし、古典には、学問上の批判にこれまでずっと耐えることのできた、著者の確固とした理論的基盤が示されている。ぜひ、そのような優れた古典にもふれてみてほしい。

(3)　六　法

　また、六法も必ず手元において、教科書を読んでいて参照条文が出てきたら労をいとわず六法を引く姿勢を貫かなければならない。条文を意図的に暗記する必要はないが、何度も引用される条文は理論上も実務上も重要なものである。そのような条文は、学修を進めるうちにいつの間にか覚えてしまうであろう。その過程と結果こそが重要である。

(4)　判例集

　さらに、ある判例や論点に関してさらに深く知りたい場合には、これらについてもはしがきで案内したように、優れた判例集や注釈書があるから、ぜひ読んでみてほしい。

　とくに、判例を学修する際には、その判旨だけではなく、ぜひとも事案の

概要を重視するとともに、その判例の原審における事実認定をきちんと理解してほしい。判例は、実際に生じた紛争を解決した結果として示されているのであるから、その判旨だけが一人歩きすることはそもそも予定されていないし、許されない。法解釈のみならず、これと事実認定があいまってはじめて結論が示されるのである。

　また、最高裁判所がこれまで示してきた判決群のうち、どの判決が、そしてその判決のどの部分が判例と理解されるべきなのかの判断は、われわれに委ねられている。最高裁判所が決めるわけではない。初学者のうちから、これらのことを忘れてはならない。

⑸　注釈書

　そして、各条文の歴史的背景や立法趣旨、その条文に関連する論点をより深く検討するにあたっては、とりわけ注釈書が大いに役立つだろう。注釈書には、各条文の論点に関連する判例や学説についての参考文献が網羅的に示されているから、ゼミなどの少人数演習授業での報告や、レポートを作成するにあたっても、その準備にきわめて有益である。

⑹　演習書

　とはいえ、法律学・民法学を学修するといっても、結局は法を用いて実際の案件を説得的に解決できなければ、その意義は激減してしまう。また、よく勉強している学生が、残念なことに試験でその実力を発揮できないことも、ままみられる。そのような事態を避けるためにも、はしがきで紹介した演習書を用いてみるのもよいだろう。

第二章　物権法入門

一　物権法の特徴

1　財産法としての物権法

⑴　財貨帰属秩序

　それでは、そもそも物権法とはなにか。物権法は、民法総則と債権法とともに財産法の一部を形成している。物に対する権利を対象としているのが物権法であり、人に対する権利、厳密には、人の行為を求める権利を対象としているのが債権法である。

　また、総則は、物権法と債権法、さらには家族法である親族法と相続法にも共通するルールを定めている。このように、共通するルールを抽象化して総則として各分野の前におくことを特徴とした法典編纂方式、あるいは、そのような思考方法を、パンデクテンシステムと呼ぶ。

　さらに、一方で、所有権を中心としながら財産権の帰属を規律しているのが物権法であり、他方で、契約を中心としながら財産権の移転を規律しているのが債権法であるともいえる。財貨帰属秩序としての物権法、財貨移転秩序としての債権法である。

　もっとも、このような分類が、物権法や債権法のすべての規範にストレートにあてはまるわけではない。あくまで、物権法と債権法の特徴について俯瞰した場合に、それぞれを財貨帰属に関するルール群、財貨移転に関するルール群と大まかにみることができる、ということにすぎない。

(2) 物権債権峻別論

　このように、パンデクテンシステムに基づく物権債権峻別論を前提とした構成を日本の民法典は採用しているのであるが、この構成が法典論において唯一のものであるわけではない。たとえば、ドイツ民法典の構成は日本の民法典の構成ときわめて類似しているが、同じ大陸法系のフランス民法典は物権債権峻別論を採用しておらず、英米法系では、契約・不法行為・所有を基軸としたそもそも別の体系を有している（**図表 1-2**）。

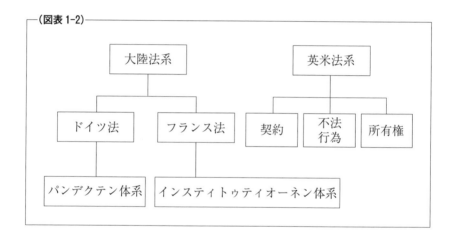

　さらに、物権債権峻別論を採用しているといっても、その内実は曖昧である。物権だから、債権だから、といって演繹的に所定の法的性質・要件・効果が一義的に導かれるわけではない。あくまで、物権と債権がひとまず分けられている、ということにすぎない。この点に関する具体的な検討は、本書においても関連する部分で個別に論じることになるが、さしあたりは、物権と債権の区別はかならずしも厳密になされているわけではないことを念頭においてほしい。あえていうならば、物権は物を対象とする権利であり、債権は人の行為を対象とする権利である、ということにほかならない。

2　物権の種類

　物権の種類として、所有権・用益物権・担保物権・占有権をあげることができる（**図表 1-3**）。このうち、担保物権については、本書の対象外である。なお、占有権以外の物権を本権と呼ぶことがある。用益物権は、地上権・永小作権・地役権・入会権にさらに分けることができる。占有は物の事実的支配であるとひとまずいうことができるが、現代においては、これを権利と称して所有権などと同等のレベルで扱えるかどうかについて、議論の対象となっている。

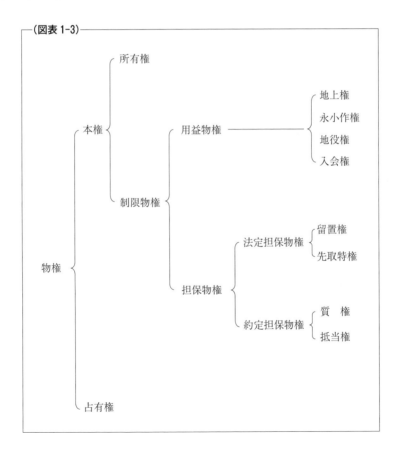

（図表 1-3）

　なお、担保物権を物権法として物権総論と同様に論じることができるかについては、疑問の声も多い。というのも、すくなくとも実務においては、金融法務という領域において、人的担保である保証とともに担保物権は機能しているからである。さらに、そもそも、担保物権は被担保債権を前提とするものであるから、債権法とともに学修するのに適している。このため、物権総論と担保物権以外の各種物権をセットにした物権法と、担保物権法とを、切り離して講義が行われることも多い。本書もこの考え方に従っている。

3　物権法の内容

　物権の主体と客体に関する規律は、民法総則に定められている。このため、物権法を学ぶにあたっては、民法総則の規定をも当然に視野に入れなければならない。

　また、各物権の具体的な内容については、物権編の各章に規定されているが、債権などと共通する物権の内容については、物権編ではなくやはり民法総則に規定されているから、注意を要する。

　そして、物権変動に関する規律は、民法176条から179条にかけて規定されている。つまり、物権総則である。物権変動は物権の発生・移転・消滅の総称であって、各物権に共通する問題である。だから、物権法の中の総則として扱われているのである。とりわけ、民法176条・177条・178条が、理論上も実務上も、物権総則において最も重要度の高い条文である。本書や講義においても、この部分の解釈論が中心として扱われることになる。とりわけ本書においては、第三部の物権変動論の中で論じられる。

　本書では、第一部として物権種類論、第二部として物権効力論、第三部として物権変動論が検討される。私自身の物権法に関する体系上の理解として、まず各種の物権が存在し、これら物権に共通する効力があり、そして、これら物権が変動するにはどうすればよいか、に分けて、かつ、この順序で論じるべきとの考え方があり、本書はこの体系論に依拠しているからである。

二　物権の意義

1　物権の性質

⑴　債権との比較

　物権の法的性質を論じる際には、債権との対比で検討を試みるのがよい。この関係で、物権は、他人を媒介せずに目的物を支配することができ（直接性）、目的物を侵害する者を排除することができ（排他性）、誰に対してでも主張することができる（絶対性）権利であるとされる。

　これに対して、債権は、債務者の行為を必要とする権利であり（間接性）、同一内容の債権が成立可能であり（非排他性）、債権を行使できる相手方は債務者のみとされている（相対性）。

⑵　直接性

　したがって、物権は直接的に物を支配する権利であって、他人の行為を介する必要がない。つまり、物権は対物権である。

　これに対して、債権は対人権であるから、たとえば貸金返還請求権が問題となっている場合には、債務者による債務の履行という行為を通じてはじめて、債権の目的が実現されることになる。また、債務者による履行を強制するためには、民事手続法などに従ってなされなければならない。

⑶　排他性

　物権は排他性を有しているために、ほかの競合する権利を排除することができる。物権の特徴の中でも、これはきわめて強い効力である。この物権のもつ排他性から、物権法定主義と一物一権主義が導かれる。

　物権法定主義は、物権の成立を、法律に定めがある場合にのみ制限的にしか認めない、という意味をもつ。そして、一物一権主義には、1つの物権の対象として複数の物を認めることはできないという意味と、1つの物の上に

複数の物権が成立することを認めないという意味の、両者が含まれている。

　これに対して、債権には排他性が原則として認められない。したがって、たとえば、1人の芸能人が同時間帯の2つのライブ放送番組に出演する契約を結ぶこと自体は可能である。たしかに、その後、結局は、どちらかまたは両方の出演をキャンセルせざるをえなくなり、これにともなって損害賠償請求権の問題が発生する（民法415条・709条）。しかし、このことは、2つの出演契約がどちらも有効であるからこそ生じる問題なのである。実際には両方履行することができないからといって、そのことのみを根拠として、当該契約が無効とされるわけではない。

　とりわけこれに関連することとして、契約の成立と有効性の区別に関する問題、ある契約の無効がその他の契約の有効性に影響を与えるかどうかに関する問題、および、ある契約が無効である結果として物権の取得が認められなかった場合にそのことが第三者による当該物権の取得に影響を与えるかどうかに関する問題を、それぞれきちんと区別して考えることが重要である。

⑷　絶対性

　さらに、物権は絶対性を有しているために、その物についての権利を妨害してくる誰に対してでも効力を有する。つまり、対世効を有している。

　これに対して、債権は、債権関係のある相手方に対してしか効力を有しない。貸金返還請求権を借主以外の者に対して行使することができないことは、自明であろう。債権者が保証人に対して履行を求めることができるのは、主たる債権の行使によるからではなく、保証契約に基づく債権の行使によるからである。

2　物権法定主義

⑴　原　則

①意　義

　物権は、当事者の合意によって、法律に定められた物権以外の物権を創設

することができず、また、法定された内容以外の内容を有する物権を創設することもできないとされている。このことを、物権法定主義と呼ぶ（民法175条）。

　物権は、上述のように、とても強力な法的性質をもつ権利であるから、第三者に与える影響がきわめて大きい。したがって、法律で定められた内容以外の物権の存在を認めてしまうと、第三者が不測の損害を被る蓋然性が高まることになってしまうのである。だからこそ、法律で物権の存在とその内容を明示しておく必要がある。

　なお、民法も当然に民法175条における法律に含まれるとともに、民法以外の特別法も当然にその法律に含まれる。したがって、民法以外の法律によって物権を創設することも可能である。

②沿　革

　また、重層的な所有権の存在が身分制社会と密接に結びついていたという歴史的な沿革から、個人の明確な所有権を認めることによって身分制度の解体をおし進めることも、近代民法典の重要な役割であった。このためにも、物権の種類と内容を法律によって明確化することは意味のあることであった。つまり、所有権をさらに細分化して、支配階層による上級所有権と被支配階層による下級所有権を認めたりすると、身分制度の承認や固定化につながってしまう。このようなことが現代において認められてはならないのは、いうまでもないだろう。

(2)　例　外

①判　例

　もっとも、物権法定主義を厳格に貫徹してしまうと、社会において一般的に認められている権利を物権として認めることが困難になってしまう。法律が制定されるには多くの場合、時間を要するからである。

　そこで判例は、流水利用権（大判大正6年2月6日民録23輯202頁）や湯口権（大判昭和15年9月18日民集19巻1611頁）などについては、これらが物権的権利であることを承認した。社会的必要性、目的物の所有者にとって過度

の負担とならないこと、および、当該権利を公示する手段が存在することなどが、当該権利の物権性を認める判断にあたって重要な要素となる。

②解釈の指針

とはいえ、このような判例の見解を解釈論として根拠づけることはなかなか難しい。民法 175 条の趣旨を強調した上で、その趣旨に反しないことをいかに説明できるかが重要となる。

学説には、民法 175 条において禁じられているのは物権の創設であって、生成ではない、という考え方がある。この見解によれば、慣習によって次第に認められ、生成されてきた権利を、物権として認めることは十分に可能であるとの解釈が成り立つ。

③整　理

この解釈論に従うのであれば、物権法定主義に関連する問題については、以下の帰結となる。

まず、民法典が施行される前から存在していた物権で、かつ、民法典にその物権に関する規定が設けられたのであれば、その物権の効力は当然に認められる（民法施行法 36 条）。

つぎに、民法典の施行前には物権として存在していたが、民法典や特別法で認められなかった権利は、今日において物権とは認められない（民法施行法 35 条）。当該権利をあえて物権と構成しなかった、と解されるからである。

そして、民法典が施行された後に、法律の規定のない物権を新たに創設する行為は、物権法定主義に反するために無効である（民法 175 条）。

民法典が施行された後に慣習を通じて次第に生成されてきた権利を物権として扱ってよいかどうかは、法令に規定されていない事項に該当する（法の適用に関する通則法 3 条）。したがって、上述のように、社会的必要性、所有者の負担の度合い、および、公示方法の存在などが判断要素となる。また、当該権利が公序良俗に反するかどうかも、物権としての有効性の有無にとって重要となるだろう。

④物権債権峻別論との関係

とはいえ、物権法定主義を解釈論を通じて形骸化しすぎると、法律で明確

に定められていない物権の数と種類が増えてしまうことになる。そうすると、物権と債権の違いが不明瞭になる。

　どのような内容の債権を発生させるかは、当事者の自由に委ねられているけれども、その理由は、債権は相対性しかないとされているからである。これに対して、物権は絶対性を有するとされている。

　物権法定主義が貫徹されないと、第三者に強い影響を与える物権が、法律の定めがないまま、場合によっては登記などの公示もなされないまま、存在してしまうことになる。物権法定主義と物権債権峻別論の関係は、このような視座からも理解されなければならない。はたして、日本法における物権債権峻別論は貫徹されているといえるだろうか。物権法のみならず、民法全体を学修するにあたっては、この疑問を念頭におきながら進めていってほしい。

三　物権の客体

1　物

(1)　有体物

　物権の客体は有体物である（民法85条）。したがって、無体物は民法における物権の客体ではない。ただし、知的財産権法などにより、重要な無体物に関する権利とその保護が定められている。

　なお、物に関する規定は民法総則に配されている。これは、物が関連するケースは物権法が適用される事案に限定されないからである。たとえば、賃借権は目的物の存在を前提とするところ、賃借権を発生させる賃貸借契約は債権法に規律されている。夫婦財産契約に関する規律は親族法に定められているところ、その契約も物を対象とすることが想定されている。相続財産に関する規律は相続法に定められているところ、これも有体物を対象とすることが実際には多い。

(2)　不動産・動産

　不動産は、土地とその定着物とされている（民法 86 条 1 項）。なお、建物は土地から独立した別個の不動産とされている。このことは、比較法の観点から検討すると、かなり珍しい例である。諸外国の立法例をみると、建物は土地の構成部分として取り扱われていることが多い。つまり、建物は土地の一部であって、独立の不動産とは見られていないことが、諸外国では多いのである。

　また、立木ニ関スル法律（立木法）における立木も、土地とは独立した 1 つの不動産と解される。しかし、これら以外の樹木や塀などは、原則として土地の一部とされ、独立した不動産とは扱われない。

　不動産以外の物は動産ということになる（民法 86 条 2 項）。それでは、建築途中の建物はどうか。建築中の建物はどの時点で不動産と評価されるにいたるのか。判例はこの点につき、建物の使用目的に適った構成部分を具備したかどうかが目安であると解しており、屋根と壁ができた上で土地に定着する状態になれば独立の不動産と解する（大判昭和 8 年 3 月 24 日民集 12 巻 490 頁・大判昭和 10 年 10 月 1 日民集 14 巻 1671 頁）。反対に、その目安にいたらない状態においては、それぞれの建築資材などは動産として扱われる。

(3)　主物・従物

　利用にあたって密接な関係をもつ複数の物がある場合、それぞれの重要性や経済的価値を考慮して、主従の関係をみることができるときは、それらを主物または従物と呼ぶ（民法 87 条 1 項）。

　たとえば、土地に備えられた庭石が、土地から分離することができる場合は、土地が主物であって、庭石は従物となる（最判昭和 44 年 3 月 28 日民集 23 巻 3 号 699 頁）。庭石が土地から分離することができない場合は、その庭石は土地の構成部分であって、独立の物ではないから、従物でもない。また、ガソリンスタンドの建物が主物で、その地下にあるガソリンタンクが従物とされた例もある（最判平成 2 年 4 月 19 日判時 1354 号 80 頁）。

　主物と従物の関係が認められるためには、主物の所有者が、その主物を使

うにあたって、自らが所有する別の物を、主物に付属させなければならない（民法87条1項）。そうすると、それぞれの物の関係は主物と従物となり、主物が処分されると、特段の合意がなければ、従物も主物の処分に従う（同条2項）。

⑷　元物・果実

　ある物を使っている間に産出されて収取される別の物を、天然果実という（民法88条1項）。また、ある物を使用させてその対価として得られる金銭などを法定果実という（同条2項）。そして、それぞれの産出元の物を、元物という。

　天然果実の具体例は、樹木から産出されるフルーツなどである。また、法定果実の典型例は、賃貸借契約に基づいて得られる賃料などである。

　天然果実に関する権利は、果実が元物から分離する時に、その果実を収取する権利を有する者に帰属する（民法89条1項）。また、法定果実を取得する権利は、その果実を収取する権利の存続期間に応じて日割計算によって判断される（同条2項）。

2　支配可能性

　有体物であっても支配できないのであれば、これに対して物権は成立しない。したがって、たとえば海底の土地については、国の支配管理に服している以上、私的な所有権は成立しない。

　ただし、過去の法制度において海面下の土地につき私的所有権の成立を認めたことがあれば、現在においてもその土地を私的所有権の客体として認めるとした判例が存在する（最判昭和61年12月16日民集40巻7号1236頁）。

3　特定性

　たとえば新車の売買契約において、車種や代金などの合意がなされたとし

ても、具体的にどの車が売買契約の対象とされるかが明確に特定されない限り、物権は成立しない。この段階においては、当事者間においてたんに売買契約が成立しているのみであり、売主と買主の間の債権債務関係しか発生していない。したがって、売主としては、売買契約に即した新車を用意すればよい。なお、新車は不特定物、中古車は特定物と解されることが多い。

4　独立性

　物権の対象は独立した1個の物でなければならない。一物一権主義の帰結である。しかし、このことはあくまで原則であって、例外として、実体法上は1筆の土地の一部を譲渡することも認められている。ただし、このことを第三者に対抗するためには、分筆をした上での登記が必要となる（不動産登記令20条4号）。

　また、判例は、集合動産に対して1つの譲渡担保権が成立することを認めている（最判昭和54年2月15日民集33巻1号51頁）。これも、一物一権主義の例外となる。それぞれの物を個別に計上した上でその合計の価値を担保として把握するよりも、むしろ、集合物としてはじめから一体的に捉えて担保価値を算出した方が、価値が高い場合もありうるからである。ただし、この場合にも、当該集合物がどこまで及んでいるのか、についての第三者に対する公示方法の確立が重要となる。

第三章 占有権

一 総 論

1 歴史における占有の意義

それでは、つづいて、民法に定められている各種の物権について検討していこう。ここからが、物権種類論の本丸である。

人類の歴史において、物に関する権利としてまずもって認識されたのは、物をもつ権利、あるいは、物をもつことそのものだったと考えられる。すなわち、物の占有あるいは物についての占有権である。したがって、占有権が物権の種類として最初に論じられることは、十分に意味のあることであろう。民法典における条文の順序としても、まず占有権が登場する。

2 占有の淵源

民法において、占有とは、物を事実上支配していることをいい、その占有を基礎として占有権が成立する。とはいえ、占有または占有権によってもたらされる効果はさまざまである。というのは、占有の淵源が、ローマ法とゲルマン法のそれぞれにあったからである。

ローマ法においては、占有は、物の事実上の支配それ自体を保護する制度として理解されていた。これを possessio（ポセッシオ）という。これに対して、ゲルマン法においては、占有は物の支配であるとともに、その占有権原

である所有権などの本権をも示す制度として考えられていた。これを Gewere（ゲヴェーレ）という。前者は占有と所有権の分離を志向し、後者は占有と所有権の一体化を志向していた。

3　物権の前提としての占有

　現在の日本法における占有権制度は、これらを継受して制定されている。だから、その内容は、所有権などのそれとは異なり、統一的ではなく、不明瞭と感じられる部分もあるかもしれない。このため、占有権を理解するのを苦手とする学修者も少なくないように思われる。

　しかし、物権種類論を検討するにあたって、占有権を理解することで所有権などの占有権以外の物権を理解することが容易になり、しかも、占有権がもつ法的性質・要件・効果あるいはこれらに関する議論が、占有権以外の物権に関するそれらに応用されることも多い。したがって、占有権の理解こそが、各種物権の理解にとって重要なのである。

二　占有権の取得と消滅

1　成　立

⑴　要　件

　占有権は、自己のためにする意思をもって物を所持することによって、成立する（民法 180 条）。また、占有代理人による所持を通じて、占有権を取得することもできる（民法 181 条）。

⑵　自己のためにする意思

　まず、自己のためにする意思とはなにか。抽象的には、物の所持による事実上の利益を自己に帰属させようとする意思、とされる。

　具体的には、売買契約の買主や賃貸借契約における賃借人に、この意思が認められることに異論はない。また、寄託契約における受寄者は、所有者のために物を預かっているけれども、自己のためにする意思は、取得時効の要件である所有の意思（民法162条）とは異なるし、受寄者が占有を奪われた場合に占有権を行使できないことは不合理である。このため、適切と目されるこのような結論から帰納的に考えて、受寄者も自己のためにする意思をもつと解してよい。さらに、制限行為能力者も、自己のためにする意思を有すると解されている。

　このように考えてくると、自己のためにする意思を有しないのは、意思無能力者くらいしか見当たらない。このため、自己のためにする意思は、占有の成立要件としての機能を事実上はたしていないと考えられている。

⑶　物の所持

　つづいて、物の所持についてである。これは、物に対する事実上の支配を確立していれば足り、このことは客観的な見地から判断される。

　たとえば、現実に物を手にしている場合はもちろん、外出中に郵便物が自宅に届いていた場合にも、自宅に届いた時点でその郵便物について所持があるとされる。帰宅後にその郵便物を実際に手にした時点が所持の時点となるわけではない。

　また、家族によって物が受領された場合にも、家族をいわば手足として、つまり占有補助者として、家族が物を受領した時点で、本人に直接的に所持が成立する。なお、この場合に、手足となった者にも、本人とは独立した別個の所持が成立するかどうかという点が問題になるところ、判例は、法人と機関の関係が問題になった事案において、目的物の占有者は法人であって機関ではないとして、否定した（最判昭和32年2月15日民集11巻2号270頁）。

⑷　代理占有（間接占有）
①意　義

　上述したように、占有権は代理人を通じても、取得することができる（民

法181条）。具体的には、建物の所有者が賃貸借契約を通じて賃借人に当該建物を賃貸した場合に、当該建物を事実上支配している賃借人に占有が認められるだけではなく、賃借人を通じて賃貸人である所有者にも、占有が認められる（**図表1-4**）。ここでの賃借人を占有代理人と呼ぶ。また、ここでの賃借人の占有を直接占有といい、所有者の占有を間接占有という。

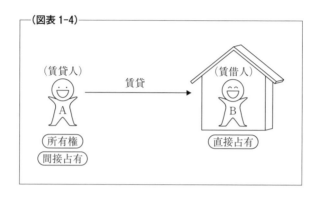

もっとも、代理占有あるいは占有代理人という名称は、ミスリーディングをまねく。というのは、とりわけ民法総則で扱われる代理・代理人と、占有論における代理占有・占有代理人は、無関係だからである。日本の民法が代理占有・占有代理人という名称を用いているのは、フランス法の影響を受けたことによるが、民法総則における代理とは異なる内容である以上、むしろこのような名称は用いない方がよい。したがって、上記における賃借人を直接占有者、賃貸人を間接占有者、両者の関係を直接間接占有関係・所有占有関係というふうに理解した方が、具体例との関係においても適切であると考えられる。

②要　件

　この代理占有、すなわち間接占有が成立するためには、直接占有者の所持、間接占有者が直接占有者に占有させる意思、および、直接占有者が間接占有者のために所持する意思が必要である（民法204条）。

　これら意思の存否は客観的に判断される。賃貸借契約や寄託契約のよう

に、物の返還義務が当然の内容となっている場合には、上記意思があるものとされる。

③存在理由

このような直接間接占有関係を認める理由は、間接占有者にも占有権にともなう効果を付与した方がよい、との理解にある。

たとえば、上述の例で、建物が第三者によって侵害された場合、賃借人のみならず所有者にも占有の訴えを認めた方が、便宜である。もちろん、この場合にも、所有者は所有権に基づく物権的請求権を行使することができる（→第二部第二章）。しかし、所有権に基づく物権的請求権を行使するには、その前提として所有権が存在することが要件であり、実際にはその立証が難しいこともありうる。なぜならば、所有権の存在を立証するには、所有権を取得した経緯や前主の所有権の存在などを立証しなければならないからである。これに対して、占有権の成立要件は前述した通り、厳格ではない。

2　態　様

(1)　自主占有と他主占有

①意　義

占有の態様はさまざまな観点により区別される。まず、自主占有と他主占有の区別がある。自主占有とは、所有の意思がある占有であり、他主占有とは、所有の意思のない占有である。とくに、この区別は取得時効の成立（民法162条）にとって大きな意義をもつ。

②所有の意思

また、所有の意思の有無は客観的に判断され、売買契約を通じて占有を取得した場合は、所有の意思があるとされるが、賃借人は所有の意思がないとされる。賃貸借契約は、賃借人が目的物を所有することを目的としない契約関係だからである。これに対して、盗人は、目的物を自らの所有物とする意図をもっているため、所有の意思があるとされている。

ただし、自主占有の成立は、民法186条1項によって推定されるため、占

有者の側で立証する必要はない。

⑵　他主占有から自主占有への変更

①所有の意思の表示または新権原

　それでは、他主占有を自主占有に変更するためにはどうすればよいか。民法185条は、自己に占有させた者に対して所有の意思があることを表示するか、または、新権原により所有の意思をもって占有を始めることを、その要件として定めている。

　このうち、所有の意思の表示については、そのような表示を受けたたとえば賃貸人が、賃借人によるそのような表示を許容することは考えにくいから、その後それほど時間をおかずに賃貸借契約関係の解除などについて当事者間で紛争が生じることであろう。このため、この場合に、自主占有があったことにより取得時効の成立が認められることは、ほとんど考えられない。取得時効の成立要件として、所定の期間が求められているからである。

②相続事例

　これに対して、よく問題として顕在化するのが、新権原による所有の意思をもって占有が開始する場合である。典型例として、賃借人が賃貸人から賃借物を新たに買い取った場合、をあげることができる。なお、権原と権限は異なる。権原とは、ある権利の根拠となる権利のことである。つまり、占有の権原としての所有権、といった具合である。これに対して、権限とは、ある権利として具体化されたそれぞれの権利内容のことである。

　そして、相続が新権原に該当するかどうかも議論されている。すなわち、被相続人が他主占有をしていた場合に相続が発生し、これを契機に、相続人が自主占有するにいたることがあるかという問題である。

　この点につき判例は、被相続人の死亡により、目的物に対する被相続人の占有を相続人が相続により承継しただけではなく、新たに目的物を事実上支配することによって占有を開始し、その占有に所有の意思があると認められる場合には、民法185条における新権原により、自主占有するにいたったと解する余地があるとして、相続が新権原になる可能性があることを認めた

（最判昭和 46 年 11 月 30 日民集 25 巻 8 号 1437 頁）。

　ただし、相続が生じれば自動的に新権原による自主占有への転換があると解したのではなく、相続人の所有の意思が客観的に認識できる場合にのみ相続が新権原に該当するとした点に、注意を要する。また、自主占有への転換があったことについての立証責任は、占有者にあると解されている（最判平成 8 年 11 月 12 日民集 50 巻 10 号 2591 頁）。

(3)　瑕疵ある占有と瑕疵なき占有

　なお、占有の態様として、ほかにも、占有権原の知・不知に対応した悪意占有と善意占有、善意占有である場合の過失ある占有と過失なき占有などがある。

　また、善意・無過失・平穏・公然・継続の占有を瑕疵なき占有といい、悪意・有過失・強暴・隠秘・不継続の占有を瑕疵ある占有という。

　このうち、所有の意思・善意・平穏・公然は民法 186 条 1 項によって、継続は民法 186 条 2 項によって推定される。また、民法 188 条が占有の適法性を推定していることから、占有者から目的物を取得した者について、その無過失が推定されると解されている。このため、これらを占有者が立証する必要はない、ということになる。

3　承継取得

(1)　取得方法

　占有が承継取得されるための方法、すなわち占有権の譲渡方法は、現実の引渡し（民法 182 条 1 項）・簡易の引渡し（民法 182 条 2 項）・占有改定（民法 183 条）・指図による占有移転（民法 184 条）の 4 つである。

　もっとも、これら取得方法は、動産の物権変動と密接に結びついており、理論上も実務上も、動産に関する物権変動論として論じられるべき問題であるから、本書においては物権変動論において詳述することとする。なお、相続による占有の承継取得も認められている。

⑵　瑕疵の承継

　承継取得が行われると、承継人は自己の占有を有すると同時に、前主の占有を引き継ぐことにもなる。承継人は、自己の占有だけを主張することもできるし、自己の占有に前主の占有をあわせることもできるが、前主の占有をあわせる場合には、その瑕疵をも承継することになる（民法187条）。

　したがって、前主が悪意占有で9年間、自己の占有が善意無過失で10年間だとした場合に、前主の占有をあわせると19年間の悪意占有ということになってしまい、時効取得できないが（民法162条1項）、自己の占有だけ主張すれば、10年間の善意無過失の占有ということになり、時効取得できることになる（民法162条2項）。

　これに対して、前主が悪意占有で15年間、自己の占有が善意無過失で5年間の場合、自らの占有だけでは期間が足りず、時効取得できないが（民法162条2項）、前主の占有とあわせることによって20年間の悪意占有ということになり、時効取得できるようになる（民法162条1項）。

4　消　滅

　民法203条本文は、占有権の消滅事由として、占有の意思の放棄と占有物の所持の喪失をあげる。

　ただし、占有者が占有物を奪われてしまった場合には、後述する占有回収の訴えを提起することができ、これに成功すれば占有権は消滅しない（民法203条ただし書）。

三　占有の効果

1　概　観

　占有権の効果にはさまざまなものがあり、体系的に整序することは困難である。民法典においても、占有権は物に対する事実的な支配に基づくという観点から生じることとされた効果について、列挙されているにすぎない。

2　権利適法の推定

　占有者が占有物について行使する権利は、適法なものと推定される（民法188条）。通常、占有者は所有権などの本権に基づいて物を占有していることが多いので、このような推定が認められている。

　したがって、所有者であると主張する非占有者が、占有者に対して、目的物の返還を請求してきた場合、占有者が自らの本権についてまずもって立証する必要はない。所有者と称する側が、占有者の推定を覆す立証を行わなければならない。ただし、目的物が既登記の不動産の場合は、登記の推定力が占有のそれに優先する。

3　本権者との関係

(1)　具体例

　たとえば、AがBから売買契約を通じて動産を取得して占有していたところ、Cが真の所有者であってBは無権限者であったことが判明し、AがCに目的物を返還したとする（**図表1-5**）。この場合、占有者Aは占有利用していた時の利得を、Cとの間でどのように清算すればよいだろうか。

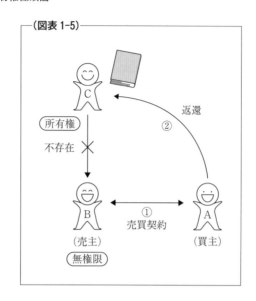

（図表1-5）

(2)　果実収取権

　まず、善意占有者は、占有物から生じる果実を取得することができる（民法189条1項）。Aが善意占有者であれば、Aは、占有期間中に取得した果実については、Cに返還する必要がない。果実は、所有者などの果実収取権者に本来は帰属すべきものであるが、ここでは、善意占有者の保護を優先させたのである。

　これに対して、悪意占有者の場合は、果実は返還されなければならず、しかも、すでに消費されたり、過失によって損傷したり収取を怠ったりした果実の代価をも、償還しなければならない（民法190条1項）。

(3)　占有物の滅失または損傷

　つぎに、占有者が責めに帰すべき事由によって占有物を滅失しまたは損傷したときは、善意占有者であれば、その賠償範囲は現に利益を受けている限度に軽減されるが、悪意占有者の場合には、損害の全部を賠償する義務を負う（民法191条）。

⑷　必要費・有益費

　さらに、占有者が物を占有している間に必要費や有益費を投下していた場合がある。占有者が占有物を返還する際、本権者からどの範囲で償還を受けることができるだろうか。

　必要費については、その価格を回復者から償還させることができる（民法196条1項本文）。本来は本権者が負担するべきものであるから、当然のことである。ただし、占有者が果実を収取した場合には、通常の必要費は占有者の負担とされる（同条同項ただし書）。果実と必要費を相殺する趣旨である。

　これに対して、有益費については、その価格の増加が現存する場合に限り、本権者の選択にしたがって、支出した金額または増加額のどちらかを償還させることができる（民法196条2項本文）。

　なお、償還内容に関して善意と悪意の区別はないが、悪意占有の場合には、有益費に関して、裁判所は本権者の請求に基づいて償還について相当の期限を与えることができる（民法196条2項ただし書）。

⑸　類型論

　なお、上記のケースにおけるAC間には契約関係がそもそもない。売買契約が履行された後、取消しや解除などによって目的物を返還したケースとは、異なっている。前者は財貨帰属の場面、つまり物権関係の場面である。これに対して、後者は財貨移転の場面、つまり債権関係の場面である。

　この類型論に従って、現在は、財貨帰属秩序があてはまるケースにおいては民法189条・190条・191条・196条を、財貨移転秩序があてはまるケースにおいては民法703条・704条を、それぞれ優先して適用するという見解が有力である。

4　占有の訴え

⑴　3つの種類

　占有の訴えには、占有回収の訴え・占有保持の訴え・占有保全の訴えの3

種類がある。これら占有の訴えは、それぞれ、第二部で論じられる物権的請求権における、返還請求権・妨害排除請求権・妨害予防請求権とパラレルに検討すると理解しやすい。

　所有権などの本権に基づく物権的請求権が存在するのに、なぜ占有の訴えまでも認めなければならないのだろうか。その理由としては、所有権などの本権の証明は場合によって困難なことがあるので、占有という事実上の支配を通じて本権の保護を図ることができるという点、占有を保護することで迅速に社会秩序の維持を図ることができるという点、および、賃借権などの債権的利用権を有するにすぎない者をも、占有の訴えによって保護することができるという点をあげることができる。

(2) 要件と効果

①共通の要件

　占有の訴えを請求できる者は、占有が侵害されたか、侵害されるおそれがある占有者であり、直接占有者であっても間接占有者であってもよい。ただし、占有補助者は占有の訴えを請求することができない。また、侵害は違法な態様であることが求められるが、侵害者の故意または過失は要件ではない。すなわち、侵害が客観的に違法なものであればよい。

②占有回収の訴え

　具体的には、占有回収の訴えの場合、占有を奪われたことが要件となる。占有者は物の返還と損害賠償を請求することができる（民法200条1項）。ただし、1年以内という期間制限がある（民法201条3項）。

　なお、Aが所有物をBに盗まれたために、Bから自力救済によりその物を回復した場合に、BがAに対して占有回収の訴えを提起したようなケース（**図表1-6**）を交互侵奪と呼ぶ。判例は、Aの自力救済は法の禁ずるところであって許されないとして、Bの訴えを認めている（大判大正13年5月22日民集3巻224頁）。これに対して、学説においては、Aによる自力救済がBによる侵奪後1年以内であった場合には、Bは占有回収の訴えを提起できないと解するものが有力である（民法201条3項）。たとえば、自らが所有しかつ占

有する自転車が、目の前で盗難の被害にあっている場合に、その状況を甘んじて見逃し、後日、盗人に対して占有回収の訴えを提起するといった例を念頭におくと、有力な見解にも一理あるといえよう。

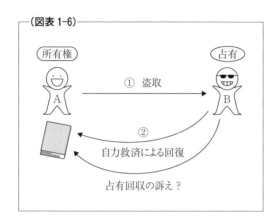

③**占有保持の訴え**

　占有保持の訴えの場合、要件は占有の妨害があることである。占有者は妨害の停止と損害賠償を請求することができる（民法198条）。ただし、妨害が消滅してしまった場合には、その後1年以内に提起しなければならない（民法201条1項）。

④**占有保全の訴え**

　占有保全の訴えは、占有妨害が発生する客観的なおそれが存在することを要件とする。占有者は妨害の予防と損害賠償の担保を請求することができる（民法199条）。

(3)　**占有の訴えと本権に基づく訴えの競合**

　上記の占有の訴えと所有権などの本権に基づく訴えが競合した場合は、どうなるのか。両者は要件と効果が異なるので、それぞれ別個に主張することができるというのが原則である（民法202条1項）。この観点を踏まえれば、どちらか一方で敗訴しても、他方を行使することは妨げられない、というこ

とになる。

　また、両訴が相対立した場合、占有の訴えについて、本権に関する理由に基づいて裁判することは許されない（民法202条2項）。すなわち、占有者Aが占有の訴えを行使している場合に、所有者Bに本権があるからという理由でAの訴えをしりぞけることはできないのである。

　ただし、判例は、別訴の場合はもちろん、反訴として本権の訴えを提起することも認めている（最判昭和40年3月4日民集19巻2号197頁）。占有の訴えに対して防御方法として本権の主張をすることはできないが、本権に基づく反訴を提起することまで民法202条2項は禁止しているわけではないというのが、その理由である。

5　動物の占有

　家畜以外の動物で他人が飼育していた動物を占有する者は、占有開始時に善意であり、かつ、その動物が飼主の占有を離れた時から1ヶ月以内に回復請求を受けなければ、その動物について行使する権利を取得する（民法195条）。

　家畜以外の動物は、人間によって飼育されていないと考えるのが通常であるから、無主物であると誤信した占有者を保護する規定が設けられているのである。

四　準占有

　占有権に関する規定は、自己のためにする意思をもって財産権の行使をする場合にも、準用される（民法205条）。おもに問題となるのは、地役権や不動産賃借権の準占有である。

第四章　所有権

一　意　義

　つぎに、所有権について検討する。所有権は物権の中で理論上も実務上も最も重要な権利である。一般的にもその内容をイメージしやすい権利であろう。ただし、日本の民法における所有権は、有体物を対象として成立する権利であって、たとえば債権に対する所有権は成立しない。この場合は、あくまで債権債務関係として規律される。諸外国においては、債権の所有を観念する場合もある。

　所有権に関しては、その歴史的経緯を避けて通ることはできない。とりわけ、土地所有権を有しているかどうかが、そのまま人の地位や身分をも規定していた時代のことを振り返ってみるべきである。今日における所有権のように、原則として私的で絶対的な内容が認められるにいたったのは、それほど遠い昔のことではないのである。

二　内　容

1　原　則

(1)　完全権

　民法 206 条は、所有者は法令の制限内において、自由にその物の使用・収

益・処分をすることができると定める。すなわち、他人の指示を受けずに利用することができ、賃貸して収益を得ることもでき、譲渡することもできれば、捨てることもできる。

　つまり、所有者は所有物の使用価値と交換価値を全面的に支配している、ということになるのである。このため、所有権は全面的な権利・円満な権利・物権の王様と呼ばれることもある。

(2)　金銭所有権の特殊性

　ちなみに、所有権の対象は、不動産と動産をとわず有体物であるけれども、金銭に対する所有権はどのように考えるべきか。金銭は、紙幣や硬貨それ自体ではなく、その価値こそが重要である。しかも、きわめて流通性が高い。このため、特別な記念硬貨や歴史的価値のある紙幣などではない限り、金銭に関する所有権は占有と一致する、と解されている（最判昭和39年1月24日判時365号26頁）。

　だが、そうすると、物を盗まれた場合と金銭を盗まれた場合とで、違いが生じてくる。前者の場合には、被害者は盗まれた物の占有を失うけれども、所有者のままである。これに対して、後者の場合には、被害者は盗まれた金銭の占有を失うとともに所有権も失う。

　たしかに、いずれの場合にも、被害者は、盗人本人に対しては、不当利得返還請求権（民法703条・704条）を行使することができる。しかし、盗人が盗んだ物または金銭の占有を第三者に移転してしまったらどうか。被害者は、前者の場合にはまだ所有者なので、後述する物権的返還請求権を行使することができる。所有権は物権であるため、絶対性をもつからである。これに対して、後者の場合には、被害者はもはや所有者ではないので、物権的請求権をもたない。しかも、不当利得返還請求権は債権なので相対性しか有しない。だから、金銭を盗まれた被害者は、第三者に対してなんら請求できない、ということになってしまう。

　この結論を避けるために、判例は、その金銭が盗まれていたことについて第三者が悪意または善意重過失である場合には、被害者はその第三者に対し

て不当利得返還請求権を行使できる、との解釈論を示している（最判昭和49年9月26日民集28巻6号1243頁）。また、学説においては、金銭を盗まれた場合にも、物を盗まれた場合と同じく、価値の返還を第三者に求めることのできる物権的返還請求権が被害者に付与される、との見解も有力である。これを、価値の rei vindicatio（レイ・ヴィンディカチオ）ともいう。被害者と盗人の関係が財貨帰属秩序に服することも、この見解の説得力を高める。

2　例　外

　しかしながら、民法206条は、法令の制限内において、所有者の全面的支配権を認容している。このため、実際には、所有者の権利はかなり制限を受けているといってよい。信義則（民法1条2項）や権利濫用（民法1条3項）、後述する相隣関係法のように、民法の中にすでにその制限が見受けられるし、建築基準法や都市計画法などの多くの特別法が、所有権に対する制限を設けている。

　民法における内在的制限として、たとえば、有名な宇奈月温泉事件において、所有権に基づく明渡請求権の行使が権利濫用にあたるとされたケースを考えてみるとよい（大判昭和10年10月5日民集14巻1965頁）。ほかにも、日照などの問題で、所有権に基づく行為が権利濫用にあたるとされた事例も数多く存在する。

　また、特別法上の制限も、今日においては認識しやすいであろう。たとえば、自己の所有地上に自己の建物を建築しようとする場合、所有者は、原則としては、どのような建物を建ててもよいはずである。なぜならば、所有権は全面的な支配権であり、所有地をどのように利用してもよいと解されるからである。しかし、民法中の制限にとどまらず、むしろ、より多くの規制が特別法において設けられており、所有者はその制限内で建物を建築しなければならない。建物の容積率や建蔽率の定め・高さ制限・接道義務などは、その典型例である。

　とはいえ、所有権の内容を、法令によってあまりに制限してしまうと、所

有権の本来の特徴が失われてしまう。たとえば、ヨーロッパの街並の美しさ
は多くの人々によって共感を得られてはいるが、これを維持するために、さ
まざまな法的規制が存在し、それによって現地の所有者が制限を受けている
ことを、忘れてはならない。

3　土地所有権の範囲

　土地所有権の範囲は、土地の上空や地下にも及ぶというのが原則である
（民法207条）。したがって、所有者に無断で土地の地下を掘削する行為や、上
空に電線を通す行為などは、所有者による妨害排除請求の対象となる。した
がって、これら行為を行うためには、地下や空中の地上権などを、所有者の
合意を得て設定してもらう必要がある（民法269条の2）。

　ただし、土地所有権の範囲にも例外がある。2000年に制定された大深度地
下の公共的使用に関する特別措置法は、鉄道の敷設やライフラインの整備な
ど、公共の利益となる事業を行うために40m以上の深さの地下を利用する
場合、所有者の同意を得なくても、使用者は一定の手続を経て、無償で大深
度地下を使用することができると定めている。

三　相隣関係

1　土地の特徴

　所有権の目的物の中でも、土地は、隣の土地と必ず隣接して存在している
という特徴を有している。この点は、ほかの有体物とは異なる特徴である。
したがって、必然的に、隣地間の利害の調整を行わなければならないという
要請がはたらく。

2　隣地使用権

　だから、土地所有者は、土地の境界付近で建物を建築する場合などにおいて、必要な限度において隣地を使用する権限が認められている（民法209条1項柱書）。ただし、住家については、その居住者の承諾がなければ、これを使用することはできない（同項柱書ただし書）。

3　囲繞地通行権

(1)　要　件

　とりわけ、相隣関係に関する規定としては、隣地の通行権に関するものがおもに問題となる。

　この点につき、民法210条1項は、ほかの土地に囲まれて公道に通じていない土地の所有者は、ほかの土地を通行することができると規定している。囲まれている土地を袋地と呼び、囲んでいる土地を囲_い繞_{にょう}地_ちと呼ぶ（**図表1-7**）。囲繞地を通らない限り、袋地の所有者は公道に出られないので、このような規定が存在するのである。この囲繞地通行権は強行法規である。したがって、当事者間の合意がなくても上記要件が満たされれば囲繞地通行権が発生することに、注意してほしい。

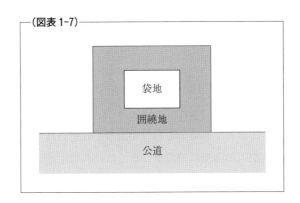

（図表1-7）

⑵　効　果

①原　則

　囲繞地通行権者が囲繞地を通行する場合には、通行する場所と方法について、必要かつ囲繞地にとって損害が最も少ないものを選ばなければならない（民法211条1項）。ただし、必要であれば、囲繞地の損害に対する償金を支払った上で、通路を開設することができる（民法212条・211条2項）。

②通路の態様

　この通路の開設は、どのようなものでも認められるか。とりわけ、必要であれば自動車も通行できるほどの通路も開設できるのであろうか。

　この点につき、判例は、自動車による通行を前提とする通行権が成立するかどうかは、自動車による通行を認める必要性・周辺の土地の状況・ほかの土地の所有者の不利益などの諸事情を総合考慮して判断すべき、と解している（最判平成18年3月16日民集60巻3号735頁）。下級審裁判例においても、肯定例と否定例に分かれており、具体的なケースによって、結論は異なる。

③分割による袋地化

　また、もともとは公道に通じていた1筆の土地が分割されて、一方の土地が袋地になってしまった場合には、袋地の所有者は、他方の土地、すなわち残余地のみを無償で通行することができる（民法213条1項）。つまり、無償の通行権は存続するけれども、残余地以外の周りの土地を通行することはできない（最判平成2年11月20日民集44巻8号1037頁）。

4　境界に関する問題

⑴　ライフライン使用権

　通行権以外にも相隣関係に関する規定は多い。むしろ、民法典の中では異例といってもよいほどに、具体的な規定が数多く設けられている。

　土地所有者は、他人の土地に設備を設置しなければ、電気・ガス・水道水などの継続的な提供を受けることができない場合には、これに必要な限度で他人の土地に当該設備を設置したり、他人が所有する設備を使用したりする

ことができる（民法213条の2第1項）。

(2) 水流使用権

　土地所有者は、自然水流を妨げてはならない（民法214条）。また、水流が低地で閉塞した場合には、高地の所有者は、自己の費用で水流の障害を除去するための工事をすることができる（民法215条）。そして、他の土地に設置された水流に関する工作物に欠陥があり、自らの所有地に損害が及ぶ場合には、土地所有者は相手方に対して当該工作物の修繕などを求めることができる（民法216条）。

(3) 障　壁

　土地の周囲を障壁で囲むことは、よく行われる。原則として、そのような障壁を自らの土地の範囲内に設けることに問題はないが、隣地者間の合意に基づいて境界線上に障壁が設けられることも、多くみられる。これは、障壁を1つ設ければ隣地者間でお互いに利用することができるからである。しかし、その後、相続などで一方当事者の土地所有権につき物権変動が生じると、土地の利用状況に変化が生じ、境界線上の障壁を除去したいという要望が出てきて、隣地者間で紛争になることがある。

　この場合、境界線上の障壁は、相隣者同士の共有になると推定される（民法229条）。つまり、障壁に関する所有権の帰趨につきなんら合意がない場合には、共有となるのである。しかも、この共有関係は特殊な関係であり、分割請求が許されない共有であるとされている（民法257条）。

　したがって、相隣者間の合意が得られない場合は、障壁はそのままの状態となる。もし分割請求が認められてしまうと、価格賠償などの方法を通じて障壁の除去が認められる可能性が開かれ、除去を望まない当事者にとって、いちじるしく不利益な結果を招くことになるからである。

(4) 竹木の枝・根

　竹木の枝が隣地から境界を越えている場合、土地所有者は隣地の所有者に

その枝を切り取ることを求めることができる（民法233条1項）。これに対して、根が境界を越えている場合には、土地所有者は自らその根を切除することができる（民法233条4項）。

　根が隣地から自らの土地に越境してきた場合は、自らの土地の構成部分になったと解されることから、当該土地所有者自らその根を切り取ることが許される。しかし、枝の越境の場合は、その枝は自らの土地の構成部分となっていないことから、その竹木が生えている隣地所有者の所有権に全面的に服しているといえる。だから、原則としては、竹木所有者に枝を切り取ってもらうことになる（民法233条1項）。もっとも、その枝の所有者が不明であったりするときは、当該土地所有者自ら枝を切り取ることができる（民法233条3項）。

(5)　建築制限

　境界付近には一定の建築制限が設けられている（民法234条以下）。もっとも、実際には、特別法である建築基準法の規律に従うことが多い。

四　所有権の取得原因

1　所有権に特有の取得原因

(1)　所有権の取得方法

　所有権を取得する方法は多様である。とりわけ、実務においては、売買契約に基づく場合がほとんどであろう。つまり、民法176条による意思表示に基づく物権変動としての、所有権の取得である。そのほかにも、相続（民法896条）や取得時効（民法162条）、動産の場合に限定されるけれども即時取得（善意取得）によることもある（民法192条）。

　しかし、これら以外にも所有権を取得する方法がある。まず、ここでは、所有権に特有の取得原因について検討する。それ以外の取得方法、つまり、

物権一般にあてはまる取得方法に関しては、第三部の物権変動論で扱うことにする。

(2)　無主物先占

　まずは、無主物先占である。所有者のいない動産は、所有の意思をもって占有することによって、その所有権を取得することができる（民法 239 条 1 項）。

　ただし、不動産については同条 2 項が適用され、国庫に帰属することになる。このため、不動産については誰かが所有者になっており、無主の不動産はありえない。

　それでは、そもそも所有権は放棄できるか。所有権の消滅も物権変動の 1 つであるから（→第三部第一章）、所有者が動産所有権を自らの意思表示に基づいて放棄できることに、異論はない（民法 176 条）。そうすると、その動産は無主物となる。また、不動産所有権を放棄することも、理論上は可能であると考えられる（同条）。

　しかし、不動産所有権の放棄を認めると、その所有権は国庫に帰属するため（民法 239 条 2 項）、国庫による管理負担の増大が懸念される。また、建物の場合には、それを取り壊して滅失させることにより、所有権の消滅を導くことができる。このため、不動産所有権を意思表示に基づいて放棄することを無制限には認めない、とする見解が有力である。

(3)　遺失物拾得

　つぎに、遺失物拾得である。遺失物は、遺失物法の定めるところに従って、公告をした後 3 ヶ月以内に所有者が判明しないときは、拾得者の所有物となる（民法 240 条）。

(4)　埋蔵物発見

　さらに、埋蔵物発見である。埋蔵物は、遺失物法に従い、公告後 6 ヶ月以内に所有者が判明しないときは、発見者の所有物となる。

　ただし、他人の所有物の中からその埋蔵物が発見された場合には、発見者とその他人とが、等しい割合で、その所有権を取得する（民法 241 条）。

2　添　付

⑴　付　合

　付合・混和・加工を総称して添付という。添付も、所有権に特有の取得原因である。上述した無主物先占・遺失物拾得・埋蔵物発見と比べると、添付は理論上も実務上もより重要であるから、項目をあらためて論じることにしよう。

　まず、付合には、不動産と動産の付合（民法 242 条）、および、動産と動産の付合（民法 243 条・244 条）がある。

　前者の例として、建物の賃借人 A が壁にペンキを塗ったことでペンキと建物が付合し、賃貸人であり所有者でもある B が、そのペンキの所有権を取得することが考えられる。

　また、後者の例として、自動車の賃借人 A が新しい部品を取りつけることによって、自動車の所有者 B が、その部品の所有権をも取得することが考えられる。

⑵　混　和

　混和の典型例としては、それぞれ別種の液体を混ぜ合わせて、渾然一体となってしまったようなケースをあげることができる（民法 245 条）。

⑶　加　工

　加工とは、A が持っていた原材料に芸術家 B が手を加えて、新しい物を作り出した場合などのことをいう（民法 246 条）。

3　添付に関連する諸問題

(1)　強行規定

　添付が生じると、次のような問題ないし効果が生じることになる。まず、複数の物が1つの物になる。これによって、所有権の対象は、添付が生じた1つの物とされ、分離することは許されなくなる。この点は強行法規であり、当事者の意思によって例外を作り出すことはできないものとされている。

(2)　任意規定

　つぎに、添付が生じた1つの物に対する所有者を決定することに関して、基準が明確でなければならない。この点は任意規定とされてはいるが、添付に関する各条文において、基準がさしあたり定められている。

　とはいえ、所有者を1人に定めてしまうと、もともと複数の物であった際に所有権を有していた者の権利が侵害されることになる。このため、この者に償金請求権を付与する必要性が生じてくる（民法248条）。

　また、複数の物であった際に、その物に対して有していた第三者の権利をどのように取り扱うべきか、という問題も発生する（民法247条）。

(3)　不動産の付合

①原　則

　添付に関してよく論じられるのが、不動産の付合である。民法242条によれば、不動産に従として付合した物の所有権は、不動産所有者に帰属すると規定されている。不動産の価値の方が動産のそれよりも高いということが、その理由である。

　このような付合が生じるためには、動産が物としての独立性を失い、不動産に付着して密接に結合し、分離することが不可能になり、分離を強行すると社会経済上不利益であるとされることが必要である。

②権　原

　ただし、民法242条ただし書によると、権原によって動産を付属させた者

の権利を妨げないとされている。つまり、不動産に付合したとしても、その付着した動産に対して所有権を有し続けることができるケースがあるということである。

　ここでの権原とは、他人の不動産に自らの動産を付属させた上で、その不動産を利用する権原であると一般に考えられている。また、その付着した動産の所有権を主張し続けるためには、その動産が不動産からある程度の独立性を有していなければならないとされている。

　具体的には、建物賃借人による建物の増改築がよく問題となる。建物賃借権には、当然に増改築をする権原が含まれているとは考えられていない。しかし、賃貸人の許可を得て増改築をするのであれば、建物賃借権も民法242条ただし書の権原にあたると解されている。

　そして、判例は、建物増改築の事例において、付着した増改築部分の独立性につき、その増改築部分が区分所有権の対象になる程度の独立性がなければならないと判示している（最判昭和44年7月25日民集23巻8号1627頁）。

③建物の合体

　隣接する2つの建物があり、それぞれの所有者が異なっていたところ、その建物間の障壁が取り除かれるなどして、2つの建物が合体して1つの建物になることがある。この場合、それぞれの建物に主従の関係が認められるのであれば、不動産の付合として扱うことができる（民法242条）。

　しかし、それぞれの建物に主従の関係が認められない場合には、動産の付合の規定（民法244条）を類推適用すべきである。動産の付合の場合、主従の関係が認められる場合には、主たる動産の所有者が従たる動産の所有権を取得するけれども（民法243条）、主従の関係が認められない場合には、価格割合に応じて付合物を共有すると定められている（民法244条）。建物自体は不動産とはいえ、実質的な問題状況にかんがみると、この後者の規定が、建物の合体のケースには適しているといえる。

⑷ 加 工

①原 則

　また、加工もよく問題とされる。加工の場合、原則として材料の所有者が新たな物の所有者となるが（民法246条1項本文）、加工によって生じた価格が材料の価格をいちじるしく超える場合は、加工者が新たな所有者となる（民法246条1項ただし書）。

　さらに、加工者が材料の一部を提供していた場合は、その価格と加工によって生じた価格の合計額と、他人の材料の価格とを比較して、前者が後者を上回っているときは、加工者が所有者となる（民法246条2項）。

　もっとも、所有者に関するこれら判断基準は、任意規定であると解されており、当事者間の特約によって、加工に関する民法上の規定と異なる結論をとることは、問題ないとされている。

②付合か加工か

　また、動産に工作を加える場合、付合なのか加工なのかがそもそも問題となるケースがある。これについて、判例は、動産に動産を単純に付合させるだけで工作の価値を無視してもよい場合とは異なり、工作に特別の価値があり、かつ、できあがった物の価格が材料価格よりもかなり高い場合には、加工に関する定めに基づいて所有権の帰属を決定すべきとして、工作の価値を重視する（最判昭和54年1月25日民集33巻1号26頁）。なお、不動産に工作を加える場合は、付合の問題として処理される（民法242条）。

③請負契約における建物所有権の帰属

　ちなみに、注文者が所有する土地に請負人が建物を建築するという内容の請負契約が締結され、建物が完成した場合、その建物の所有者は誰か。判例は、当事者間に特約があればそれを優先するとしつつ（最判昭和46年3月5日判時628号48頁）、そのような特約がないときは、請負人が材料を供給したのであれば完成した建物所有権は請負人に帰属し、注文者に引き渡されたら注文者にその所有権が移転する、と解している（大判明治37年6月22日民録10輯861頁）。

　もっとも、学説においては、当事者間の特約の有無にかかわらず、建物完

成時点ではじめから注文者にその所有権が帰属する、との見解が有力である。実務における当事者の意思を重視した見解である。

五 共 有

1 意 義

共有とは1つの物を複数人で所有することである。そして各共有者はそれぞれ持分権を有する。複数人で共同出資して不動産を購入したり、相続して遺産分割をした後も共同で所有することに決めたりした場合など、さまざまな場面で共有関係が問題となる。共有を認めることは一物一権主義の例外となるが、上記のような現実の課題があるために、一定の範囲で共有を認めざるをえない。

なお、民法上、共有といえば狭義の共有のことであり、広義の共有とは区別される。広義の共有は共同所有ともいわれる。共同所有には、狭義の共有・合有・総有があるとされている（**図表 1-8**）。

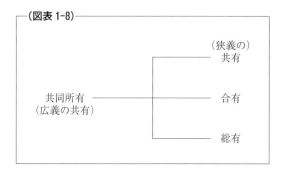

（図表 1-8）

共同所有
（広義の共有）

（狭義の）
共有

合有

総有

民法 249 条以下の規定に定められているのは、狭義の共有である。合有の具体例は、組合契約における組合財産の共同所有であり、総有の例としては、入会地の共同所有をあげることができる。

　狭義の共有であれば、持分権があることはもちろん、その処分も自由であり、分割請求も許される。しかし、合有と解されると、持分権はあっても、その処分や分割請求が制限されると考えられている。そして、総有と判断されると、そもそも持分権自体が存在しないとされ、当然のこととして持分権の処分や分割も観念することができない。

2　持分権

⑴　内　容

　共有者が共有物に対して有する権利のことを、持分権という。持分権は所有権そのものであるから、各共有者は共有物の全部について持分に応じた使用をすることができる（民法249条1項）。ただし、特段の合意がない限り、共有者は、自己の持分を超える使用について償還義務を負う（同条2項）。超過分は不当利得になるからである。また、共有者は、善良な管理者の注意をもって、共有物を使用しなければならない（同条3項）。つまり、共有者は善管注意義務を負う。

　持分の割合は共有者間の協議によって定めることができるが、明確ではない場合は、各共有者の持分は等しいものと推定される（民法250条）。

　また、各共有者は所有権を有しているのであるから、自己の持分を自由に処分することができる。譲渡することもできるし、担保権を設定することもできる。

　なお、共有者が持分を放棄すると、その持分はほかの共有者に帰属することになる（民法255条）。このことは、共有の弾力性と呼ばれる。

⑵　請求権

　それでは、共有者はほかの共有者または第三者に対して、どのような請求をすることができるのであろうか。

　まず、自己の持分の確認請求については、共有者は誰に対しても行うことができる。

　また、第三者が共有物を侵害している場合、共有者は単独で物権的請求権を行使することができるとされている。これは保存行為であるため、単独で行使することが許容されるのである（民法 252 条 5 項）。このことは、ほかの共有者が共有者間の合意がないにもかかわらず共有物に変更を加える場合にも、同じくあてはまる（最判平成 10 年 3 月 24 日判時 1641 号 80 頁）。

　しかし、共有地とその隣地との境界紛争において、その前提として共有地が共有関係にあることの確認を求める場合など、事柄の性質上、それが共有者全員について統一的に確定される必要があるときは、共有者全員が共同でのみ請求することができるとされている（最判昭和 46 年 12 月 9 日民集 25 巻 9 号 1457 頁）。

3　変更・管理・保存

(1)　変　更

　以上のように、各共有者が単独で主張できる権利も存在するが、一般に、共有である以上、共有者間の使用関係が問題になることは避けられない。そこで、民法は、共有物の変更・管理・保存という概念を設け、それぞれにおいて規定をおいている。

　まず、共有物の変更とは、共有物の形状や効用を著しく変えることである。具体例としては、共有物である建物を解体したり、宅地を田畑に変えたりすることが典型例である。この場合、共有者全員の同意が必要とされる（民法 251 条 1 項）。

　なお、共有者の中に不明の者がいる場合には、共有者は、不明共有者以外の共有者全員の同意をもって共有物を変更することができる旨の裁判を求めることができる（民法 251 条 2 項）。

(2)　管　理

　つづいて、共有物の管理とは、共有物について共有者間の利用方法を決めたりすることをいう。たとえば、共有物を短期間貸し出すことも、ここでい

う管理にあたるし（民法252条4項）、共有物の管理者（民法252条の2）を選
任したり解任したりする行為もそうである。管理行為にあたる場合は、共有
者の持分価格の過半数でこれを決めることになる（民法252条1項前段）。

　また、この管理については、共有物を使用する共有者に対しても適用され
る（民法252条1項後段）。だから、少数持分権者が、共有者間の合意を得ず
に共有物を使用している場合には、多数持分権者は、管理行為として、少数
持分権者に対して共有物の明渡しや引渡しを求めることができる。

　さらに、共有者の中に所在不明の者がいたり、管理について相当期間内に
賛否を表明しない者がいたりする場合には、これら以外の共有者は、その過
半数をもって管理行為を行うことができる旨の裁判を求めることができる
（民法252条2項）。

(3)　保　存

　これに対して、共有物にとって必要な修繕などの保存行為に該当する行為
は、各共有者が単独で行うことができる（民法252条5項）。

　また、共有物の不法占有者に対して、立ち退きを求めたり、不実の登記の
抹消を求めることも、保存行為と解されるので、各共有者は単独でこれを行
うことができる（最判昭和31年5月10日民集10巻5号487頁・最判平成15年
7月11日民集57巻7号787頁）。

　問題となるのが、ある共有者がほかの共有者の同意を得ていないのに単独
で共有物の使用を行っている場合に、ほかの共有者は持分価格の過半数を
もって、独占的に使用している共有者に対して明渡しを請求することができ
るかという事案である。

　この問題につき、これまでの判例は、少数持分権者であっても、自己の持
分によって共有物を使用収益する権限を有し、これに基づいて共有物を占有
するものと認められる、として、多数持分権者であっても、当然には明渡し
を求めることはできないとしていた（最判昭和41年5月19日民集20巻5号947
頁）。もっとも、この場合においても、多数持分権者が、独占的に使用してい
る共有者に対して、不当利得返還請求権などを行使して費用償還を求めるこ

とは、もちろん認められていた。

　しかし、その後、民法が改正され、多数持分権者は、共有物の管理として、共有物を独占使用している少数持分権者に対して明渡しを求めることができるものとされた（民法 252 条 1 項後段）。

4　分　割

(1)　原　則

　各共有者は、いつでも分割請求することができる（民法 256 条 1 項本文）。不分割特約を共有者間で結ぶことはできるが、その期間は、5 年を超えることができない（民法 256 条 1 項ただし書）。

　これら規定から明らかなように、民法はできるだけ単独所有権が望ましいという態度をとっている。所有権の歴史的沿革からも、そのことを確認することができる。私的所有権の絶対性を認めるためには、他人からの影響をできる限り受けないようにする必要がある。そのためにも、一物一権主義の存在意義がある。共有は、これに反する一面をもっているのである。

　したがって、上記のように、ある共有者がほかの共有者に無断で使用を続けている場合には、最終的には、共有物を分割することによって解決を図るべきことになろう。

(2)　分割方法

　分割の方法は、共有者間の協議によってまず決められるが、協議がととのわなければ、裁判所の判断に委ねられることになる（民法 258 条 1 項）。

　具体的な分割方法として、現物分割と賠償分割が考えられ、共有者間の合意が得られれば、どのような分割方法をとることも許される。裁判分割の場合にも、これら分割方法が認められている（民法 258 条 2 項）。また、判例も、現物分割と賠償分割を組み合わせた方法や、全面的価格賠償を認めている（最大判昭和 62 年 4 月 22 日民集 41 巻 3 号 408 頁・最判平成 8 年 10 月 31 日民集 50 巻 9 号 2563 頁）。

　ただし、これら方法によっては分割することができない場合や、分割に
よって共有物の価値が著しく減少してしまう場合には、裁判所によって競売
分割が命じられる（民法258条3項）。

　さらに、共有物が相続財産に属する場合において、共同相続人間で遺産分
割をすべきときは、この物権法上の共有物分割を行うことはできない（民法
258条の2第1項）。このケースにおいては、相続法上の遺産分割に関する規
律が、物権法上の共有物分割に関するそれに、優先することになる。

5　不動産共有者所在不明のケース

(1)　所有者不明不動産などの問題

　後述するように、所有者が不明であったり管理が不全であったりする不動
産が増加していることが、社会問題となっている。このようなケースの一因
として、不動産が共有物となっているところ、その共有者の所在が不明で
あったりすることがあげられる。

　そこで、不動産の一部の共有者が所在不明である場合に、ほかの共有者に
は、その不明共有者の持分を取得したり譲渡したりする旨の裁判を求める権
利が認められている。なお、ここでの目的物は不動産に限定されていること
に、注意を要する。

(2)　不明共有者の持分の取得

　不動産が共有物の場合において、不明共有者がいるときは、その他の共有
者は、不明共有者の持分を取得することができる旨の裁判を求めることがで
きる（民法262条の2第1項）。

　ただし、その不動産について、共有物分割請求（民法258条1項）や遺産分
割請求がなされ、かつ、不明共有者の持分取得の裁判に異議がある旨の届出
をしたときは、上記の裁判を求めることができない（民法262条の2第2項）。
また、その不動産が相続財産に属しており、相続開始時から10年経過してい
ないときも、同じく、上記の裁判を求めることはできない（同条3項）。いず

れも、共有物分割や遺産分割を優先させる趣旨である。

(3)　不明共有者の持分の譲渡

　共有物である不動産について不明共有者がいるときは、その他の共有者
は、不明共有者以外の共有者全員が特定人にその全持分を譲渡することを停
止条件として、不明共有者の持分もその特定人に譲渡する権限を自らに付与
する旨の裁判を求めることができる（民法262条の3第1項）。

　ただし、その不動産が相続財産に属しており、かつ、相続開始時から10年
を経過していないときは、上記の裁判を求めることはできない（民法262条の
3第2項）。この場合も、遺産分割を優先させる趣旨である。

六　建物区分所有

1　総　論

　共有関係のイメージとして、マンションの権利関係を思いうかべることも
多いであろう。しかし、マンションの権利関係を共有そのものととらえてし
まうと、不都合が生じてくる。たとえば分譲マンションの場合、住居部分は
単独所有権の対象なのではないか。また、エレベーターは共有物であると考
えられるが、住居部分と別個独立にその持分権を処分してしまってよいのか。

　このように考えてくると、マンションの権利関係を民法における共有規定
だけで把握することは適当ではないのではないか、という帰結にいたる。そ
こで、建物の区分所有等に関する法律（区分所有法）が1962年に制定され、
マンションに関する権利関係は、原則としてその規律に服することになっ
た。なお、現在、区分所有法の改正について議論が活発になっていることに
注意を要する。

2　建物についての権利関係

　区分所有法は、一棟の建物に複数の区分された部分があり、それぞれが独立して住居などの用途に利用できる場合は、その各部分に対して一つの所有権が成立することを認めた（区分所有法1条）。その各部分のことを専有部分という。

　これに対して、マンション内の廊下や階段、エレベーターなどは共用部分とされ、原則として区分所有者全員の共有となり、その持分割合は、それぞれの有する専有部分の床面積割合による（区分所有法11条・14条）。しかも、共用部分と専有部分を分離して処分することは許されない（区分所有法15条2項）。

　なお、共用部分の保存行為は各区分所有者単独で行うことができるが、管理行為は区分所有者の頭数および持分割合による議決権の過半数によってなされなければならない（区分所有法18条）。変更行為については、民法の共有に関する規定とは異なり、区分所有者および議決権の4分の3以上の多数でできる、と定められている（区分所有法17条）。

3　敷地に関する権利関係

　マンションの敷地の権利関係はどうか。通常は、区分所有者が、敷地に関して所有権を有しているか、賃借権などの利用権を有しているか、のどちらかであろう。この場合、区分所有者全員で敷地を共有または準共有することになる。

　区分所有関係で重要なのは、その敷地利用権と専有部分を切り離して処分することができないという点である（区分所有法22条）。これにより、専有部分・共用部分・敷地利用権が、不可分のものとして処分されることになる。

4　管　理

　区分所有者が複数存在するマンションでは、建物の管理を全員で行うことになる。そこで、管理を行うための団体として、管理組合が形成される（区分所有法3条）。この団体は、法人化することも許されている（区分所有法47条）。管理組合の集会では、管理者を選任したり、管理規約の設定を行ったりすることができる（区分所有法25条・30条）。

5　建替え

　マンションの区分所有において、とりわけ大きな問題として顕在化するのが、建替えの問題である。建物の老朽化や災害による損傷など、さまざまな原因に基づいて、建替えの必要性に迫られた場合に、区分所有者間の合意形成が進まないときはどうすればよいのか。

　ここで、共有物の変更に該当するため全員の同意が必要であるということになってしまうと、建替えは事実上きわめて難しくなってしまう。そこで、区分所有法は、区分所有者および議決権の5分の4以上の特別多数の決議で、建替えを可能にした（区分所有法62条）。

　建替えに関する決議がなされると、建替えに参加しない区分所有者に対して、参加する区分所有者または買受指定人は、区分所有権と敷地利用権を時価で売り渡すべきことを請求できるようになる（区分所有法63条5項）。

七　所有者不明不動産と管理不全不動産

1　負動産

　所有者が誰かわからなかったり、所有者が誰かはわかっていても所有者による管理が行き届かずに、不動産が荒廃してしまったり、放置されている案

件が発生しており、社会問題となっている。このような不動産は、俗に負動
産と呼ばれることもあるほどである。

　そこで、民法はこれに対処するために、所有者不明不動産と管理不全不動
産とに対象を分けつつ、さらに、それぞれに関する土地と建物に関する規律
を設けている。

2　所有者不明不動産

(1)　所有者不明土地管理命令

　裁判所は、所有者不明土地について、必要があると認めるときは、利害関
係人による請求に基づいて、所有者不明土地管理命令を下すことができる
（民法264条の2第1項）。この場合、裁判所によって、所有者不明土地管理人
が選任される（民法264条の2第4項）。

　所有者不明土地管理人の権限は、所有者不明土地管理命令が下された土地
とそこにある動産、さらには、これらを処分した際に生じた財産に及ぶ。所
有者不明土地管理人には、これらを管理したり処分したりする権利が専属す
る（民法264条の3第1項）。ただし、保存行為や管理行為を超える処分をす
る場合には、裁判所の許可を要する（民法264条の3第2項柱書本文）。

　所有者不明土地管理人は、善良な管理者の注意をもって、管理にあたらな
ければならない（民法264条の5第1項）。つまり、善管注意義務を負う。ま
た、目的物が共有持分の場合には、共有者全員のために誠実かつ公平に管理
を行わなければならない。

(2)　所有者不明建物管理命令

　裁判所は、所有者不明建物について必要があると認められるときは、利害
関係人の請求に基づき、所有者不明建物管理命令を下すことができる。その
際には、所有者不明建物管理人が選任される（民法264条の8第1項・同条第
4項）。

　所有者不明建物管理人の権利と義務については、所有者不明土地管理人の

それに関する規定が準用される（民法264条の8第5項）。

3　管理不全不動産

(1)　管理不全土地管理命令

　裁判所は、所有者の管理が行き届いていないために他人の権利が侵害されるおそれがあるなど、必要があると認められるときは、利害関係人の請求に基づいて、管理不全土地管理命令を下すことができる（民法264条の9第1項）。この場合には、管理不全土地管理人が選任される（民法264条の9第3項）。

　管理不全土地管理人は、管理不全土地管理命令が下された土地とその上の動産、さらには、これらを処分することによって得られた財産について、管理・処分する権限をもつ（民法264条の10第1項）。ただし、保存行為や管理行為を超える処分行為をする際には、裁判所の許可を要する（民法264条の10第2項柱書本文）。

　管理不全土地管理人は、当該土地の管理について善管注意義務を負う（民法264条の11第1項）。また、対象物が共有持分の場合には、共有者全員のために誠実かつ公平に管理しなければならない（民法264条の11第2項）。

(2)　管理不全建物管理命令

　裁判所は、建物が所有者の管理が行き届いていないために他人の権利を侵害するような状況にあり、必要と認めるときは、利害関係人の請求に基づいて、管理不全建物管理命令を下すことができる（民法264条の14第1項）。この場合には、管理不全建物管理人が選任される（民法264条の14第3項）。

　管理不全建物管理人の権利と義務については、管理不全土地管理人に関する規定が準用される（民法264条の14第4項）。

4　相続した土地の国庫への帰属

　また、相続した土地に関しては、所定の要件に基づいて、これを国庫に帰属させるよう申請することができる。この手続は、2021年に制定された、相続等により取得した土地所有権の国庫への帰属に関する法律（相続土地国庫帰属法）による。相続人が当該土地の管理をすることが今後困難と予測される場合に、管理不全あるいは所有者不明の土地を新たに生じさせてしまうことを防ぐための、1つの方法である。

　もっとも、承認申請が認められるための要件は、なかなか厳しい。具体的にあげると、当該土地に建物が存しないこと、当該土地所有権に対して担保権などが設定されていないこと、当該土地が通路などの他人が使用する土地とはなっていないこと、特定有害物質による汚染がないこと、境界が明らかであることなどである（相続土地国庫帰属法2条3項）。

第五章　地上権

一　用益物権

1　用益物権の種類

　用益物権とは、他人が所有する土地を一定の目的のために使用収益することのできる物権である。民法には、地上権・永小作権・地役権・入会権の4種類の用益物権が定められている。これら用益物権には、所有権と比較して制限的な権限しか認められていないので、担保物権とともに、制限物権とも称される。

　とはいえ、用益物権も物権なのであるから、所有権と同じく、物権効力論（→第二部）と物権変動論（→第三部）が適用される。

2　不動産賃借権との関係

(1)　用益物権が利用されない理由

　しかし、民法上の用益物権は、一般によく利用されているわけではない。というのは、債権である賃借権を利用することによっても、土地の利用権を設定することができるからである。

　たとえば地上権の場合、地上権者には登記請求権が認められ（民法177条）、存続期間も長く（民法268条）、譲渡などの処分も認められている（民法272条）。このことは、土地所有者からすれば負担であり、土地所有者が地上権を

設定することを控える原因ともなる。

　これに対して、賃借権の場合、登記は賃借人と賃貸人の同意によるべきものとされ（民法 605 条）、存続期間の保障も十分ではなく（民法 604 条）、譲渡などにも制限がある（民法 612 条）。

　このため、経済的に有利な立場にある土地所有者のイニシアティブによって、実務上ほとんどの場合、用益物権ではなく賃借権による利用権の設定が行われているのである。

　もっとも、このように用益物権ではなく賃借権が多く利用されていることに着目すると、制限物権としての用益物権の存在意義はどこにあるのか、あるいは、債権であるはずの賃借権がまるで物権のように扱われているが、これは物権法定主義に反しないのであろうか、といった点が問題となってくる。ここにも、物権と債権の区別を曖昧にする原因がみられる。

⑵　借地借家法

　しかしながら、賃借人の立場からすれば、以上のような賃借権の弱点ゆえに自らがその住居や店舗から容易に追い出されてしまうことは、容認できないであろう。

　そこで、借地借家法は、建物の所有を目的とする土地の賃貸借に関して、賃借人の権利の強化を図っている。第三者への対抗力を容易に具備できる方法（借地借家法 10 条）や、存続期間の保障（借地借家法 3 条）、譲渡と転貸の保護（借地借家法 19 条）などは、その典型例である。これにより、借地借家法が適用される賃借権と地上権の差は、相対的にかなり小さいものとなった。

　以下では、これら用益物権を順番に検討していくことにしよう。

二　地上権

1　意　義

　地上権とは、他人の土地において、工作物または竹木を所有するために、その土地を使用する権利のことをいう（民法265条）。ちなみに、地代が支払われることが実務においては多いが、規定上は、必須の要件ではない。

2　成　立

　地上権の成立は、多くの場合、当事者間の合意による（民法176条）。つまり、地上権設定契約による。もっとも、この契約は、地上権という物権を設定するための法律行為であるから、売買契約のような債権契約あるいは債権行為とは異なる、物権契約あるいは物権行為と解されるべきであろう（→第三部第一章）。もっとも、前述した通り、実務においては、地上権ではなく賃借権が設定されることがほとんどである。

　また、地上権は不動産を目的物とした物権であるから、その物権変動を第三者に対抗するためには、登記が必要である（民法177条）。物権変動論については第三部で詳論する。

　ただし、法律行為、つまり意思表示の合致によって地上権が設定される場合以外にも、時効による地上権の取得（民法163条）もありうるし、また、抵当権との関係で、法定地上権も存在する（民法388条）。

3　内　容

　地上権者は、目的に従った土地の使用収益をなすことができる。また、地上権を処分することもできる。存続期間も自由に定めることができ、永久地上権も認められるとされている。もっとも、存続期間を定めなかった場合に

は、裁判所が、20 年以上 50 年以下の範囲内においてその存続期間を定めることになる（民法 268 条）。

　また、地上権は、工作物を設置するために、土地の上空や地下についても、その上下の範囲を示した上で、これを設定することができる（民法 269 条の 2 第 1 項）。つまり、ネーミングのわかりづらさはともかく、空中地上権や地下地上権も認められる。

4　消　滅

　存続期間が満了すると、地上権は消滅する。ほかにも、地代の不払いが 2 年以上継続した場合には、土地所有者は地上権の消滅請求を行うことができる（民法 266 条 1 項・276 条）。地上権が消滅すると、地上権者は土地を原状に復して、工作物などを収去することができる（民法 269 条 1 項本文）。

第六章　永小作権

一　意　義

　永小作権とは、小作料を支払って、他人の土地で耕作または牧畜をする権利のことである（民法 270 条）。地上権とは異なって、小作料の支払が要件となっていることに注意を要する。

二　成　立

　永小作権は、土地所有者と永小作権者との間の合意によって成立する（民法 176 条）。この合意も、物権行為と解するべきである。また、時効取得もありうる（民法 163 条）。前述の通り、小作料の支払も要件である。ただし、実際には、賃借権の設定でほぼ同内容の権利関係を設定することができるため、永小作権が利用されることはあまりない。

　永小作権も不動産を対象とする物権であるから、その変動を第三者に対抗するためには登記を要する（民法 177 条）。

三　内　容

　永小作権者は、耕作または牧畜を行う目的で、土地を利用することができ

る。また、自由に譲渡することもできる（民法 272 条）。しかし、土地に対して、回復することのできない損害を生じさせる変更を加えることはできない（民法 271 条）。存続期間は 20 年以上 50 年以下で定めることができ、定めのないときは 30 年となる（民法 278 条）。

　なお、小作料の支払は、永小作権の成立のための要件であり、かつ、永小作権者の義務である。不可抗力によって減益となっても、小作料の免除または減額を請求することは、原則としてできない（民法 274 条）。

四　消　滅

　永小作権は、存続期間の満了によって消滅する。また、永小作権者が継続して 2 年以上小作料の支払を怠ったときは、土地所有者は永小作権の消滅を請求することができる（民法 276 条）。

第七章 地役権

一 意 義

　地役権とは、当事者間で定めた目的のために、他人の土地を自己の土地の便益に供する権利である（民法280条）。地役権の負担を受ける土地を承役地といい、地役権による便益を得る土地を要役地という。

　地役権は、当事者間の合意により、地上権や永小作権と比べるとその目的を自由に定められることから、用益物権の中では比較的よく利用されている。

　たとえば、相隣関係における通行権は、要件を満たせば自動的に成立する法定通行権であるが、それ以上の内容を含む通行権を、地役権の設定を通じて実現させることができる。つまり、約定通行権としての通行地役権である。そのほかにも、要役地の日照を確保するために、承役地の利用制限を求める地役権も存在する。

二 成 立

　地役権の成立も、当事者間の合意に基づくことがほとんどである（民法176条）。また、時効取得も認められるが、地役権の時効取得の場合は、継続的に行使され、かつ、外形上認識可能な地役権に限定されていることに、留意すべきである（民法283条）。

三　内　容

　地役権者は、設定行為において定められた目的に従って、承役地を要役地の便益に供することができる。また、原則として、地役権は要役地の所有権に従たるものとして、要役地の所有権の譲渡にともなって当然に移転する（民法281条本文）。なお、存続期間や地代についてはとくに規定がないため、当事者間の合意により自由に定めることができる。

四　消　滅

　地役権は、存続期間の満了によって終了する。また、承役地の占有者が地役権の負担のない土地であるとして、取得時効の要件を満たしつつ自主占有した場合にも、地役権は消滅する（民法289条）。さらに、地役権は、消滅時効の対象にもなる（民法166条2項・291条）。

第八章　入会権

一　意　義

　入会権とは、農村などの一定の地域に住む村民などの団体が、その土地の山林を支配しつつ、物資を調達したりするなどして、共同利用を行うという内容を有する権利である。慣習に従って認められる権利であるといってよい。

　民法上の規定は 263 条・294 条であり、内容については慣習に委ねられている。前者は、入会権者が土地を共有している場合の規定で、共有に関する定めが準用される。後者は、入会権者が土地を共有しているのではない場合の規定で、地役権に関する定めが準用される。

二　成　立

　入会権は合意によって成立するのではなく、慣習によって、それが成立しているかどうかが判断される。また、登記することもできない。

三　内　容

　入会権は、入会団体に総有的に帰属すると解されている（最判昭和 41 年 11 月 25 日民集 20 巻 9 号 1921 頁）。したがって、入会団体に所属する入会権者個

人には、持分権は存在しない。持分権が存在しない以上、持分の譲渡や分割
請求も観念することができない。

　もっとも、入会権は共有の一類型ととらえることができるので、入会権者
は保存行為については単独で行うことができる。また、入会団体が権利能力
のない社団にあたる場合には、その入会団体は、入会権者全員が総有する不
動産の帰属について争っている相手方に対して、総有権確認の訴えをするこ
とができる（最判平成6年5月31日民集48巻4号1065頁）。

四　消　滅

　入会権は、慣習によって成立する以上、慣習によって消滅する。また、入
会団体の構成員としての立場は、当該団体から脱退することによって失われ
ることになる。

第二部　物権効力論

第一章　優先的効力

一　物権相互間

1　成立の先後

　ここまで、物権種類論について考察してきた。これをうけて、つぎに、物権効力論を検討しよう。物権効力論においては、物権の種類をとうことなく、物権全般に共通する効力が扱われる。解説の便宜のために、不動産所有権が具体例で登場することが多いけれども、物権効力論は動産所有権やそれ以外の物権にも適用されることを、忘れてはならない。

　物権は排他性と絶対性を有しているがゆえに、ほかの権利に対して優先的効力をもつとされている。同一の物に対して両立しえない内容を有する物権相互間においては、原則として、先に成立した物権が後に成立した物権に優先する。

　したがって、たとえば、Aが土地甲に抵当権を有していたところ、その後、甲の所有者であるBがCにその所有権を譲渡したとしても、Aの抵当権は消滅しない。Aの抵当権（物権）設定は、Cの所有権（物権）取得よりも前に成立しているからである。

2　公示の先後

　ただし、物権変動については公示がなされなければ第三者に対して対抗で

きないと定める規定が存在するので（民法177条・178条）、この規定が適用される場合には、物権成立の先後ではなく、物権公示の先後によって優先的効力が決定されることになる（→第三部第一章）。公示とは、目的物が不動産の場合は登記であり（民法177条）、動産の場合は引渡しである（民法178条）。

　このため、たとえば、土地甲の所有者AがBにその所有権を譲渡した後、Cにも譲渡したが、Cが先に登記を経由した場合、BがCよりも先に所有権の譲渡を受けたにもかかわらず、Cが甲の確定的な所有者となる（民法177条）。

　つまり、物権成立の先後によって相互に対立する物権同士の優先的効力が決定される場面は、それぞれの物権が公示されていない場合に限定される。そうすると、公示された物権が存在する場合には、その物権と対立するほかの物権は、その公示がなされていないと、公示された物権に対して優先的効力をもたないことになる。また、公示されていない物権で、かつ、その物権と対立するほかの物権に遅れて成立した物権は、先に成立した物権に劣後する。

　これらのことから、物権であるにもかかわらず、排他性や絶対性をもたない物権が存在することになる。この点において、物権の性質は、実は一義的ではないのである。このため、物権債権峻別論の基礎は揺らいでいるといえる。

二　債権との関係

1　原　則

　同一の目的物に対して物権と債権が相互に対立する場合には、それぞれの成立の先後を問わず、物権が債権に優先する。

　たとえば、Cが所有する土地甲を利用する権限として、先にAが賃借権（債権）を取得していたとしても、その後にBが甲の地上権（物権）を取得す

ると、地上権者Ｂが賃借人Ａに優先することになる（**図表2-1**）。つまり、Ａはｂによって追い出されてしまう可能性がある。

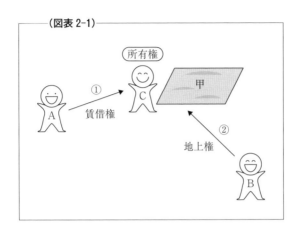

(図表 2-1)

2　例　外

　ただし、不動産賃借権は登記の対象として認められており、また、居住などのための不動産賃借権は借地借家法の適用を受けるので、これらの点については注意を要する（民法605条・借地借家法10条・31条）。

　つまり、登記された不動産賃借権は、物権を取得した者やその他の第三者に対抗することができる（民法605条）。また、土地賃借人が賃借した土地上に自ら建物を建てて、その建物の登記を備えた場合には、土地賃借権（借地権）は第三者に対抗することができる（借地借家法10条1項）。さらに、建物賃借人は、その建物の引渡しを受けることによって、建物賃借権（借家権）の対抗力を得ることができる（借地借家法31条）。

　たとえば、Ａが土地甲をＢから賃借した後、甲の上に自ら建物乙を建てて乙の所有権に関する登記を備えた後に、ＢがＣに甲を譲渡した場合、Ａは乙の所有権に関する登記をもって、Ｃに対して甲の賃借権（借地権）を対抗することができる。

　また、マンションの一室を賃借して占有しているＡは、そのマンションの

オーナーであるＢがＣに対してその所有権を譲渡したとしても、その部屋から追い出されることはない（借地借家法31条）。

3　物権債権峻別論への批判

(1)　物権債権峻別論の揺らぎ

このように、不動産賃借権は、債権であるにもかかわらず、対抗力を備えることが一定の範囲で認められている。つまり、債権である賃借権に排他性と絶対性が付与される、ということである。このため、対抗力のある賃借権は、物権一般がもつ法的性質にかなり近づく。この点をとらえて、債権の物権化と呼ぶ見解もある。ここにも、物権債権峻別論の揺らぎが見られる。

とはいえ、ここで認められるのは、対抗力を備えた不動産賃借権の法的性質と物権一般のそれとが似ている、ということにすぎない。不動産賃借権が物権そのものに転化したわけではない。あくまで、物権は物に対する権利であり、債権は人の行為を求める権利である。対抗力を備えた不動産賃借権も、賃借人が賃貸人に対して目的物の使用を求める権利であることに、変わりはない。

当該権利の性質から帰納的に考えて、それが物権一般の性質に似ているからといって、当該権利を物権と決定づけてはいけない。したがって、対抗力を備えた不動産賃借権を、物権と同一視したり、その効果を物権的効果と呼んだりするのは、正しくない。

(2)　物権と債権の再定義

そうだとすると、物権と債権の定義は、それぞれ、物権は物を対象とする権利、債権は人の行為を対象とする権利、につきることになる。つまり、たしかに、物権は直接性をもち、債権は間接性しか有しない。けれども、物権だからといって、これが排他性や絶対性をもち、債権だからといって、これが非排他性や相対性しかもたない、というわけではないのである。だから、物権と債権を区別することはいまだ有用ではあるけれども、その内容は、伝

統的な通説によるところとは、もはやだいぶ異なっていると思われる。

⑶　ius ad rem（ユス・アド・レム）

　法制史の観点からみても、物権債権峻別論はかならずしも自明の考え方で
はなかった。とりわけ、プロイセンでは、特定物の引渡しを求める債権に関
して、その存在について悪意の第三者を排除する法制度、あるいは、そのた
めの権利が、ius ad rem として認められていたのである。物権債権峻別論を
維持しているとされているドイツ法においてすら、その ius ad rem の残滓が
いまだにみられる。したがって、日本法において、物権債権峻別論を貫徹し
ようとしたり、あるいは、物権と債権の違いを所与の命題として受け入れる
のは、避けるべきであろう。

第二章　物権的請求権

一　根　拠

1　具体例

　物権は排他性と絶対性を有しているため、物権を侵害する者を排除する効力をももっている。

　たとえば、Aが所有する土地甲をBが無断で利用し、建物乙を勝手に建築してそこに居住している場合、所有者であるAは、物権を有していることを根拠として、Bを排除することができる（**図表2-2**）。

　もっとも、A自らBを強制的に排除することはできない（自力救済の禁止）。Aは請求権を行使することによって、最終的に国家機関の助力を得ながらその実現を図ることになる。

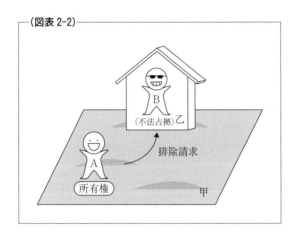

（図表2-2）

2　占有の訴えとの対比

　しかしながら、以上のような請求権の根拠規定は、民法上直接には存在しない。物権がもつ性質上、上記請求権の存在は当然のこととして認められるため、民法にはあえて規定がおかれなかったものと考えられる。

　ただし、所有権などと比較して、権利としての特徴が希薄な占有権が存在するだけの場合に、同種の訴えが明文上認められていることから（民法197条以下）、所有権などの本権である物権に上記請求権が認められることは、判例においても通説においても異論がない。

二　要　件

1　違法な侵害

　上記請求権は一般に物権的請求権と呼ばれている。それでは、その成立要件から検討していこう。

　まず、物権的請求権が成立するためには、物権に対する客観的に違法な侵

害があるか、または、客観的に違法な侵害のおそれがあることを要する。侵害または侵害のおそれがあるかどうかの判断基準は、対象となる物権の種類や侵害行為の態様などで異なり、個別具体的に判断される。

　ここで注意すべきなのは、客観的に違法な侵害状態があれば、要件としては足りるということである。つまり、侵害者の故意または過失は、要件ではない。したがって、故意または過失を成立要件とする不法行為（民法 709 条）とは大きく異なる。このため、原因が不可抗力であっても、結果として違法な侵害状態が発生しているのであれば、物権的請求権は成立するのである。

2　相手方

⑴　具体例

　このように、客観的に違法な侵害態様の存在が物権的請求権の成立要件であるから、物権的請求権の相手方は、その請求権行使時において客観的に違法な侵害状態を支配している者、ということになる。つまり、侵害の原因を招いた者が相手方になるわけではかならずしもない。侵害の原因を作出した者と、現在もその侵害状態を支配している者とが、一致するとは限らない。

　たとえば、A が所有する土地甲に B が無権原で自己名義の建物乙を所有していたために、A が B を相手方として物権的請求権を行使したところ、B が、乙を C にすでに譲渡したとして土地の明渡しを拒んだケースを考えてみよう（**図表 2-3**）。

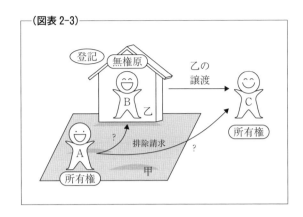

（図表 2-3）

登記　無権原

乙の
譲渡

B　乙

C

所有権

?　排除請求　?

A

所有権　　　甲

　この事案について、判例は、土地所有権に基づく物権的請求権を行使して
建物収去・土地明渡しを求めるにあたっては、現実に建物を所有することに
よって土地所有権を侵害している者を相手方とすべき、との原則をまず示し
ている。その上で、例外として、他人の土地上の建物所有権を取得した者が、
自らの意思に基づいて所有権取得の登記を経由した場合には、たとえその建
物を他人に譲渡したとしても、引き続き登記名義をもっている限り、土地所
有者に対して、建物所有権がもはやないことを理由として建物収去・土地明
渡しの義務を免れることはできない、と解した（最判平成 6 年 2 月 8 日民集 48
巻 2 号 373 頁）。

⑵　原則と例外

　すなわち、現在の実際の乙の所有者はあくまで C なのであるから、原則と
しては、A は C に対して物権的請求権を行使しなければならないはずであ
る。登記を備えているかどうかは、対立する物権変動が存在する場合に誰が
対抗力のある権利を有するか、についての判断基準にすぎないのであるか
ら、ここでの実体法上の現在の所有者は C である。その根拠は BC 間の譲渡
行為に基づく。とはいえ、登記名義は B に残っていることから、A が C を探
し出すのはきわめて困難であろう。

　そうすると、判例の見解は、原則論はもちろんのこと、物権的請求権を行使する者が不当に扱われることを避けるべき点からして、妥当なものといえるだろう。あえていうならば、対抗問題とは異なる場面で、登記を利用した解決がなされた、と評価することができる。

三　態　様

1　3つの種類

　物権的請求権には、3つの種類がある。すなわち、物権的返還請求権・物権的妨害排除請求権・物権的妨害予防請求権である。それぞれ、占有の訴えにおける占有回収の訴え（民法 200 条）・占有保持の訴え（民法 198 条）・占有保全の訴え（民法 199 条）と同じように考えてみるとよい。

2　物権的返還請求権

　物権的返還請求権は、物権者がその物権の目的物の占有を全面的に失い、侵害者が違法にその物を占有している場合に、これを行使することができる。ローマ法由来の請求権であり、rei vindicatio（レイ・ヴィンディカチオ）とも呼ばれる。
　なお、目的物が不動産の場合には明渡請求権となり、動産の場合には引渡請求権となる。

3　物権的妨害排除請求権

　物権的妨害排除請求権は、物権者によるその物権の目的物に対する支配が部分的に侵害されている場合に、行使される。これもローマ法にその淵源をもち、actio negatoria（アクチオ・ネガトリア）とも呼ばれる。

典型的なケースは、所有地に第三者が無断で立ち入っている場合などである。

4　物権的妨害予防請求権

物権的妨害予防請求権は、物権の目的物に対する妨害のおそれが客観的に存在する場合に行使される。

典型例として、Aが所有する土地甲の隣地であるB所有の土地乙に土砂が大量に積み上げられ、現時点では土砂は土地甲に崩れてきてはいないが、それほど強くない地震や風雨によって崩れてくる危険がある場合などが考えられる。この場合には、AはBに対して、土砂の堆積を解消する措置を講じるよう請求することができる。

四　法的性質

以上のような内容を有する物権的請求権は、物権にその根拠を求めるものなので、債権的請求権とは異なる法的性質を有している。

すなわち、物権と独立して物権的請求権だけを譲渡することは認められない。また、物権的請求権だけが独立して消滅時効にかかることもない。

もっとも、物権が他人による取得時効の対象とされ、その要件が満たされた結果、もともと有していた物権を失うこととなった場合、物権的請求権も同時に失うこととなる。ただし、このことは、物権や物権的請求権が消滅時効にかかったわけではない。あくまで、他人による取得時効の成立によって、一物一権主義にともない、もともと有していた物権を反射的に失う、ということにすぎない。

五　物権的請求権と債権的請求権の競合

　それでは、債権的請求権と物権的請求権が競合するケースはどのように扱われるべきか。

　たとえば、売主Aと買主Bの間で売買契約が成立した後、当該契約が解除された場合、解除の法的効果に関する直接効果説によれば、目的物の所有権は解除により遡及的にAに存在していたことになるが、実際には、目的物の占有自体はBにとどまっていることがありうる（民法545条）。

　この場合、理論上、Aは、解除した債権者として目的物の引渡しを請求する権利、つまり不当利得返還請求権（民法703条・704条）と、所有者として目的物の引渡しを請求する権利、つまり物権的返還請求権とを、ともに有していることになる（**図表2-4**）。学説においては、当事者間をより密接に関係づけている債権法の規範を優先的に適用する、という見解が有力である。

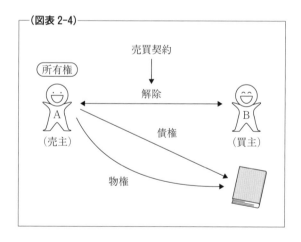

（**図表 2-4**）

六　物権的請求権同士の競合

1　具体例

　物権的請求権の競合とよばれる問題として、費用の負担を実質的な論点とするつぎのような事案がある。

　すなわち、Aが所有する土地甲とBが所有する土地乙が隣接しており、かつ、甲と乙の間にかなりの高低差がある場合に、不可抗力の自然現象であったゲリラ豪雨によって甲の一部が崩れ、その土砂が乙に流れ込んだというケース（**図表2-5**）において、その土砂を除去する物理的な負担を負うのはAなのかBなのか、また、除去費用を負担するのはどちらなのか、という問題である。

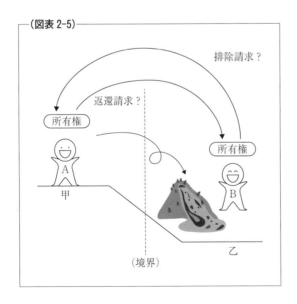

（図表2-5）
排除請求？
返還請求？
所有権
A
甲
所有権
B
乙
（境界）

2　行為請求権説

　判例と通説は、物権的請求権の内容を、そもそも行為請求権であると理解していた。つまり、物権的請求権とは、物権を有する者が侵害者に対して行為を求める請求権であり、その費用については侵害者が負担する、という理解であった（大判昭和 12 年 11 月 19 日民集 16 巻 1881 頁）。

　しかし、この見解を上記の事案にそのまま当てはめてしまうと、A が土砂の物権的返還請求権を B より先に行使すれば、土地甲の崩落に責任のない B が実際の除去負担と費用負担をすることになり、B が先に物権的妨害排除請求権として土砂の除去を A に対して請求すれば、やはり土砂の堆積に責任のない A が負担をすることになり、結論として妥当とはいえないのではないか、という疑問が生じてくる。

3　忍容請求権説

　そこで、学説においては、物権的請求権の内容は、行為請求権ではなく、物権を有する者が自分自身で回復行為を行うことを相手方が忍容するように請求するというものであるとの見解が現れた。この見解を忍容請求権説という。

　この見解によれば、先に物権的請求権を行使した者が負担をすることになる。しかし、これでは、自ら率先して物権的請求権を行使しようとする者が現れず、違法な侵害状態が継続してしまうのではないか、という難点が生じてしまう。

4　侵害除去と費用負担の分離

(1)　侵害除去

　そこで、現在においては、侵害状態の実際の除去という問題と除去費用の負担の問題とを分けて考える、という見解が有力になっている。

　そもそも、上記の事案において、A の物権的返還請求権と B の物権的妨害排除請求権はともに成立し、競合しているといえるのだろうか。この点に疑問を投げかけるのである。

　そこで、いずれの請求権も、不可抗力によって生じている状態を適法な状態に回復させようとするものであるが、より端的に、A の土砂によって B の土地所有権が侵害されているだけであると評価することはできないだろうか。

　もしそうだとすると、このケースにおいては、B の物権的妨害排除請求権だけが成立していると考えることができる。とりわけ、原因が不可抗力である自然現象であったことにかんがみるならば、B によって A の土砂所有権が全面的に侵害されていると評価することは、妥当ではないのではないか。

(2)　費用負担

　このように、上記の事案が不可抗力であることを正面から認めるのであれば、A または B のいずれかに一方的に責任を負担させるのは妥当ではない。そこで、A と B とで費用を折半して負担させるという見解も一理あるだろう。

　もしくは、物権的請求権が、侵害状態を作出してしまった故意・過失に基づく責任とは関係なく、侵害状態を継続させてしまっている違法状態についての責任に関するものであると解して、上記の事案においては、A のみが費用負担をすると結論づけることもできるだろう。

第三部　物権変動論

第一章　物権変動総論

一　物権変動の意義

1　物権変動の原因

(1)　物権変動一般

　それでは、物権変動論に入ろう。物権変動論も、物権効力論と同じく、物権全般を対象とする。ただし、目的物が不動産であるときと動産であるときとで、規律が同じ場合と異なる場合がある。そこで、まずは、不動産にも動産にも適用される物権変動総論から論じていこう。

　物権変動論は、物権法総論の範囲においてその中核を占める部分である。本書においても、講義においても、その大部分が物権変動に関するものであるといっても過言ではない。そもそも、物権変動とは、物権の発生・変更・消滅の総称のことである。

　それでは、物権変動はなにを原因として発生するのか。所有権に関する典型例としては、前の所有者から売買契約を通じて目的物の所有権を取得する事例をあげることができる。そのほかにも、相続によって親から子に不動産が受け継がれるというケースも、容易に想像できるだろう。

　以上のような事例を法的な観点から整理してみると、おおよそつぎのように分類することができる。すなわち、意思表示に基づく物権変動と、その他の原因に基づく物権変動である。

(2)　意思表示に基づく**物権変動**

　民法176条に規定されているように、それぞれの物権に共通する物権変動の原因として、当事者の意思表示をあげることができる。つまり、所有者と目的物を取得しようとする者との間での、所有権譲渡に関する合意などがこれにあたる。また、単独行為である遺言も意思表示に基づく法律行為であるから、やはり同様に扱われる。実務においても、意思表示に基づく物権変動が圧倒的に多い。

(3)　その他の原因に基づく**物権変動**

　それ以外の原因としては、相続（民法896条）や時効（民法162条）による取得、所有権に関する特殊な取得事由（無主物先占・遺失物拾得・埋蔵物発見・添付など）、混同による消滅（民法179条）、目的物の滅失による消滅などをあげることができる。

　なお、譲渡と移転は区別されるべき概念である。物権の譲渡とは、物権を有する者が、その意思表示をはじめとした積極的な行動をとることによって、物権を移転させることである。これに対して、物権の移転とは、物権を有する者が客観的に変更されたことそのものである。

(4)　承継取得と原始取得

　また、物権の取得方法として、承継取得と原始取得がある。前者は売買契約に基づく場合が典型例であり、後者は時効による取得が典型的なケースである。

　承継取得は、前主から物権をまさに引き継ぐ態様で取得することである。これに対して、原始取得とは、新所有者が新たに物権を取得して、旧所有者がいた場合には、内容が重なる物権を旧所有者が反射的に喪失することをいう。

2　公示の原則の採用

(1)　具体例

　物権は絶対性と排他性を有する権利である。したがって、たとえば、Bか
らCが土地甲の所有権を売買契約を通じて譲り受けたと思っていたけれど
も、真の所有者はBではなくAであったとすると、Bに譲渡権限が付与され
ていなければ、Cは甲の所有権を承継取得することはできない（**図表3-1**）。
真の所有者であるAとの合意が成立していない以上、当然の結果である。無
から有は生じないのである。

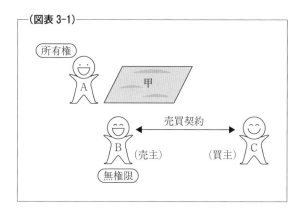

　とはいえ、もしBが甲を自らの所有地であるかのように占有して利用して
いた場合には、CにとってみればBが真の所有者のようにみえる。だから、
上記の結論は、Cにとってはたしかに気の毒のように思われる。真の所有者
をさらに調査すべき義務を譲受人に課すことは、当人にとって酷だからであ
る。

　しかしながら、現実には、不動産を実際に利用している者が所有者である
とはかならずしもいえない。その不動産を賃借して利用しているケースもあ
るであろうし、土地に地上権を設定してもらってその土地を利用している
ケースもあるであろう。つまり、現地確認をしただけでは、真の所有者を特

定することは困難なのである。所有者と占有者はかならずしも一致するわけ
ではない。

(2)　公示制度

　そこで考案されたのが、公示制度である。公示制度とは、国家機関が関与
した上で物権の所在を一般に示す制度のことをいう（→第三部第二章）。民法
においては、不動産に関しては登記（民法 177 条）、動産に関しては引渡し・
占有（民法 178 条）が、公示として定められている。

　公示制度が機能するためには、可能な限りすべての物に関する物権関係が
明らかにされていることが望ましい。不動産を前提にして考えてみるなら
ば、日本国内のすべての土地と建物の物権関係が登記記録に記載されている
ことが期待される。そのようにするためには、物権変動を生じさせる際に必
ず登記すべき、との義務を当事者に課すという仕組みが考えられる。そうす
れば、原則として、登記のあるところに権利がある、という関係が成り立つ
からである。

　しかし、日本の不動産登記法においては、登記申請は当事者の自発的な意
思に任されていて（不動産登記法 16 条）、相続登記の申請を例外とはしつつも
（不動産登記法 76 条の 2 第 1 項）、登記を強制するという制度は原則として採用
されていない。

　また、民法においては、不動産の物権変動については登記をしなければそ
れを第三者に対抗することができない、という制度が採用されている（民法
177 条）。もちろん、この結果として、当事者は、物権を取得したとしてもそ
れを登記しなければ第三者に対して自らの物権取得を主張することができな
いわけであるから、結局のところ、登記をしようとする動機づけがはたらく
ことにはなる。しかし、すくなくとも法制度上は、物権の存在と登記の存在
が密接不可分に結合しているわけではない、ということに注意を要する。

(3)　公示の原則の意義

　以上のように、公示制度を通じて物権変動の存在を知らしめた上で、公示

されていない物権変動の存在をすくなくとも第三者との関係においては認めないとすることを、公示の原則と呼ぶ。

　すなわち、適切な原因に基づいて物権変動が当事者間において発生したとしても、そのことにつき公示がなされなければ、当該物権変動は第三者との関係においては存在しないものと判断されるのである。このことをとらえて、公示の原則とは、本来存在する物権変動をないものとする、つまり、有から無への原則、といいかえることもできるだろう。

3　公信の原則の不採用

(1)　公信の原則の意義

　これに対して、公示の原則と似た名称ではあるが、それとは異なる概念が、公信の原則である。

　まず、上述した公示の原則によれば、公示のないところに物権変動はないという命題を導くことができる。しかし、だからといって、公示のあるところに物権変動があるという命題まで導くことはできない。

　したがって、AからBへの移転登記がなされたけれども、両者の間で実際には物権変動が存在していなかった場合、CがBを新たな物権取得者と信じてBと取引を行ったとしても、実体法上はAB間で物権変動が生じていなかった以上、所有者は現在もAのままであり、CはBから直接に所有権を取得することはできない（**図表 3-2**）。このことは、公示の原則を採用したとしても変わらないのである。

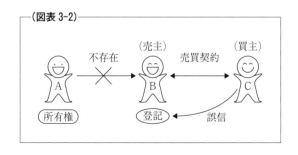

(図表 3-2)

　この問題について、かりに公示を信頼した者を積極的に保護しようとするのであれば、公示の原則とは異なる、別の理論を要する。すなわち、公信の原則である。

　公信の原則とは、公示のあるところに物権が存在するものとみなし、その公示内容を信頼した者を保護して公示通りの物権を有効に取得させるとともに、真の権利者の物権を喪失させる、という結果をもたらす理論である。

　とはいえ、この結論を正当化するためには、真の権利者にできる限り不測の被害を与えないためにも、目的物が不動産であれば、登記制度が確立し、さらに、登記と物権の存在との齟齬（そご）が原則としてない、といえる程度にまで登記内容の正確性が達している必要があろう。

(2)　公信の原則の採用例

　この公信の原則を認めるべきかどうかについては、これまで多くの議論が積み重ねられてきているが、現在のところ、日本の不動産物権変動については、公信の原則は認められていない。

　そもそも、公示の原則を認める民法 177 条・178 条はあるけれども、不動産登記に公信力を付与することを認めている規定は存在しない。また、公信の原則を認めると、上述のように、無権利者から不動産物権を取得することができるようになるわけだが、いわば無から有を生じさせるというのは、無から有は生じないとするローマ法以来の原則に転換を促すことにほかならない。このため、そのような原則を覆す例外を認めるためには、明文の定めを要する。つまり、解釈論のみによって公信の原則を認めることは、きわめて難しいといえる。

　これに対して、公信の原則を認めている立法例としてよく知られているのが、ドイツ法である。ドイツ法においては、明文で不動産登記に公信力が認められている。

　もっとも、ドイツ法において認められている登記の公信力は、あくまで権利内容そのものについての公信力に限定されている。たとえば、土地の測量ミスなどによって、本来は 100 m² の土地が 110 m² と登記されていたところ、

この内容を第三者が信頼したとしても、その第三者が取得できる土地は 100 m² にとどまるのである。登記の公信力を認めたとしても、そこで対象となるのは、実体法上の物権の帰属状態だけなのである。

(3) 私　見

①登記制度の確立

　それでは、立法論として、日本法においても公信の原則を採用する可能性はあるだろうか。

　まず、手続法上の観点から、日本法における登記の内容の問題点として、実際の土地の面積がかならずしも登記記録上の面積と一致しないことがあげられている。この点をとらえて、登記に公信力を付与することに対して懐疑的な見解も多い。

　しかし、実は、その論拠は希薄であるといわざるをえない。物権の帰属状態をどの程度正確に登記記録が公示しているかというと、登記官や司法書士の努力によって、日本の登記制度は、むしろかなり高いレベルで確立されていると評価することができる。

②民法 94 条 2 項類推適用との違い

　また、実体法上の観点から、公信の原則が採用されていなくても、日本法上の判例と通説においては、民法 94 条 2 項の類推適用によって、ほぼ同様の結論が得られているから、この状況はすでに公信の原則がほぼ採用されていると解してよい、とする論法も散見される。しかし、この理解は完全に誤りである。

　すなわち、公信の原則の採用と民法 94 条 2 項の類推適用との決定的な違いは、前者は真の権利者の帰責事由を考慮しないけれども、後者は真の権利者の帰責性と第三者の信頼の保護とのバランスを図る理論である、という点にある。

　つまり、民法 94 条 2 項の類推適用を検討するにあたって、たとえ第三者が無権利者の不実の登記を善意無過失で信頼したとしても、真の権利者にまったく帰責事由が存在しない場合には、その類推適用はけっして認められない

のである。

　これに対して、登記に公信力を認めるということは、原則として第三者の信頼のみを検討するということになる。結果として真の権利者が被ることになる、物権を失うという損害については、別途、不法行為法上の損害賠償請求権の問題や、保険制度の適用の問題として、検討されるにすぎない。

③立法論

　以上のような観点をふまえながら、立法論として、日本法においても登記の公信力を認めるかどうかの議論を進めることはできる、と考えられる。このようなプロセスをふむのであれば、日本法における登記の公信力の必要性それ自体について検討することを妨げる理由はないのではないか。

二　意思表示による物権変動

1　意思主義

(1)　民法 176 条

　民法 176 条は、物権変動は当事者の意思表示のみによってその効力を生じるものと定める。

　通説は、この規定の解釈として、意思表示以外にまったく方式を要することなく物権変動を生じさせることができる規定、つまり、形式主義をとらずに意思主義を採用することを明確に表現した規定であると解している。

　また、物権変動の発生時期に関する部分で後述するように、判例も、意思主義を前提とした考え方を採用していると思われる。

(2)　形式主義との対比

　ただし、比較法の観点からは、形式主義を採用している法制も存在する。たとえば、ドイツ法やオーストリア法は、不動産物権変動に関して、物権変動の効力発生要件として登記を要することを、明確に定めている。つまり、

登記という方式がなければ不動産物権変動がそもそも生じないという意味で、形式主義を採用しているのである。

これに対して、フランス法は、売買契約によって所有権移転の効果が直接生じると定めており、登記などの方式をとくに求めてはいない。したがって、意思主義を採用しているものと考えられている。

(3) 私 見

①意思の必要性

私見としては、民法176条は、意思表示のみで物権変動を生じさせることを積極的に認めた規定というよりも、物権変動の発生にあたって意思表示の存在が不可欠であることを定めたにすぎない規定と理解している。

物権変動の場面において、当事者の意思を前提とすることは、当然である。当事者間の特約により、意思のみによって物権変動の効力を発生させることも、もちろん認められる。当事者間において物権変動を生じさせる意思表示の合致がないにもかかわらず、登記移転・占有移転・代金支払などの事実行為があるだけで物権変動を発生させることは、けっしてできないし、許されない。これらのことを、民法176条は定めている。

②外部的徴表の重要性

とはいえ、原則としては、当事者間における意思表示の合致があったとしても、これに基づく、登記などの外部から認識可能な行動、つまり外部的徴表をともなわない限り、物権変動は生じない、と解すべきである。

あるいは、すくなくとも不動産物権変動の発生時期としては、当事者間の特約がない限り、登記時と解すべきであろう。すなわち、物権変動の原因論と時期論を分けて考察するのである。これら解釈論は、民法176条のそれとして十分成り立つものと考えられる。

③疑問の端緒

そもそも、たとえば不動産所有権の移転のケースにおいて、登記がないにもかかわらず意思表示だけでその所有権を移転させることができると一般的に考えられているのであろうか、という疑問が、私見の出発点である。おそ

らく、この問いかけには、ほとんどの場合そのようには考えられていない、との回答が寄せられるのではないか。

　それならば、契約の成立を前提とした上で、目的物が不動産であれば、登記、あるいは、すくなくとも目的物の実際の明渡しや代金の大部分の支払など、目的物が動産であれば、その引渡しや代金支払などの、なんらかの外部的徴表があってはじめてこれら所有権が移転する、との解釈論が展開されるべきではないだろうか。

④予想される批判

　このような私見に対しては、民法 176 条の沿革と文言から、日本の民法が意思主義を採用したことは疑いのないところであるとの批判や、ドイツ法などにおいて採用されている形式主義は、ドイツ法などに固有の特徴的な登記制度や立法を前提としてはじめて可能となるものであるとの批判が、予想される。

　しかし、条文の沿革と文言だけが解釈論における不可欠の指針となるわけではないし、また、ドイツ法などが日本法と異なる特殊な前提のみを有しているという理解は、けっして正しくない。

　後者の点につき、たとえば、後述する仮登記制度は、同様の機能をもつ制度として、日本法においてもドイツ法においても、ともに存在している。すなわち、本登記がなくても、法的効果として債権的請求権が保護される可能性が、ドイツ法において確立されているのである。このことは、ドイツ法における形式主義が、かならずしも硬直的な制度ではないことを表していると評価できる。

⑤日本法とドイツ法の共通点

　つまり、日本法においてもドイツ法においても、物権債権峻別論はもはや貫徹されていないのである。そして、とりわけ不動産取引における登記の重要性は、理論上も実務上も、日本とドイツにおいて違いはない。

　以上の点から、形式主義を採用しているドイツ法を比較法の対象としつつ、そこから日本法の解釈論への示唆を導こうとする素地が認められる。

2　物権行為の独自性

(1)　物権行為と債権行為

つづいて、民法176条における意思表示の法的性質について検討しよう。この点についても、すでに多くの議論が蓄積している。まず、前提の知識として、債権行為と物権行為という2つの概念をめぐる議論があることをおさえておかなければならない。

たとえば、ドイツ法においては、売買契約などの、物権変動の前提となる当事者間の債権債務関係を基礎づける法律行為は、債権行為あるいは義務負担行為とされている。この債権行為と、所有権譲渡行為などの、物権変動そのものを生じさせるための法律行為、すなわち物権行為あるいは処分行為とは、明確に区別されている（**図表3-3**）。

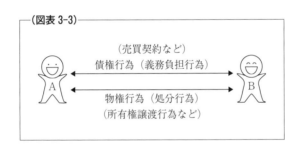

（図表3-3）

（売買契約など）
債権行為（義務負担行為）

A　　　　　　　　　　　　B

物権行為（処分行為）
（所有権譲渡行為など）

すなわち、ドイツ法において、物権行為とは、物権変動を生じさせようとする当事者間の物権的合意と考えられているのである。つまり、債権行為である売買契約と、物権行為である物権変動を生じさせる合意とを、それぞれ別々の概念として理解しているのである。これを分離主義ともいう。

(2)　物権行為の無因性

その上で、ドイツ法は、債権行為と物権行為の関係を遮断する。たとえば、売買契約がなんらかの理由で無効であったとしても、そのことから当然に所有権の変動も無効になるというわけではなく、所有権の返還に関連する問題

は、別途、不当利得法の問題として処理されることになるのである。このことを、物権行為の独自性を認めた上での物権行為の無因性と呼ぶ。

これに対して、フランス法は、そもそも物権行為の独自性を認めない。売買契約などから直接に所有権移転の効果が発生すると理解されている。物権行為の独自性を認めないのであるから、物権行為の無因性はそもそも問題とならない。これを一体主義ともいう。

日本の民法は、その176条をみる限り、フランス法を継受したとみうけられるが、民法典全体の編成については、ドイツ法と同様の物権債権峻別論を前提としたパンデクテンシステムが採用されているために、民法典成立直後から、議論が錯綜しているのである。

(3) 判例・通説

通説は、物権行為の独自性を否定している。当事者間であえて物権行為の独自性を認めることまでも否定しているわけではないが、当事者間に特約が存在しないのであれば、原則として物権行為の独自性を認めず、債権行為である売買契約などから直接に物権変動の効果が発生するものと考えている。

また、判例も、やはり後述する物権変動の発生時期に関する部分で検討するように、物権行為の独自性を否定しているように思われる。

(4) 物権行為の独自性を肯定する見解

これに対して、物権行為の独自性を肯定する見解は、つぎのように反論する。すなわち、たとえば売買契約の成立は、両当事者の意思表示の合致によって認められるところ、実体法上、その際に方式はなんら必要ないとされている。契約書が作成されることは多いけれども、それはあくまで証拠を残すための実務上の慣習、あるいは、宅地建物取引業法などの特別法上の規律への対応にすぎない。

しかしながら、物権変動が生じるにあたっては、当事者の合理的意思として、登記、引渡しまたは代金支払などの外部的徴表があってはじめてその効果が発生するものと考えられているのではないか。そしてこれら外部的徴表

は、債権行為とは区別されるべきものであり、その外部的徴表がなされた際に物権的意思表示も示されている、と考えることができるのではないか。

このように、肯定説を採用する論者は主張している。以上の論争は、物権変動の発生時期の問題と関連づけられつつ議論されることが多い。

(5) 私 見
①物権行為の独自性の肯定

私見としては、日本法においては物権債権峻別論が貫徹されていないとはいえ、物権と債権をすくなくとも分けてはいることを考慮すると、民法 176 条が物権編に規定されていることにもかんがみるならば、物権行為の独自性を肯定する余地は十分にある、と考えている。つまり、民法 176 条にいう意思表示は、物権的意思表示をさす。したがって、この物権的意思表示を構成要素とする法律行為もまた、物権的法律行為、つまり、物権行為である。

たしかに、売買契約は、その契約の本質的な性質から、所有権移転という物権変動と密接不可分に結合している。だから、売買契約の場面に限れば、そこから直接に所有権の移転を導くことも可能であろう。

しかし、たとえば抵当権の設定のように、前提となる債権行為が存在しないにもかかわらず、物権の設定が認められることがある場合を考えると、物権行為という概念を完全に否定することは困難であると思われる。抵当権を設定するにあたって、金銭消費貸借契約が前提となっていることは実務上多いが、その金銭消費貸借契約から直接に抵当権の設定が認められるわけではない。

さらに、後述するように、物権行為の存在を、民法 177 条の解釈論における背信的悪意の認定にあたって、その判断基準として用いることも考えられる。そうすると、物権行為という概念を認めることは、かならずしも理論のみに拘泥したものではなく、実務上も有益なものとなりうる、と考えられる。
②物権行為の無因性の否定

とはいえ、物権行為の独自性については肯定しつつも、その無因性まで認めなければならないか、というと、その必要は理論上も実務上もない、と解

される。

　たとえば、売買契約がなされ、かつ、関連する物権行為や、所有権の移転
を発生させるための要件がすべて満たされた後に、その売買契約を構成する
意思表示が詐欺に基づいて取り消されたとする（民法 96 条 1 項）。この場合に
おいて、無因主義をとると、債権行為としての売買契約は遡及的に無効とさ
れても、ただそれだけでは、物権行為としての所有権移転行為は無効とはな
らない。このため、被詐欺者は、詐欺者に対して、不当利得返還請求権を別
途行使しなければ、所有権を取り戻すことができない。

　しかし、この理論構成と結論は、実務においては迂遠であろう。物権行為
の独自性のみならず無因性をも肯定するドイツ法においてすら、このような
事案においては、債権行為と物権行為に瑕疵の同一性があると解したりする
ことによって、無因性を貫徹しないようにしている。

　とくに、上記の事案をさらに進めて、詐欺者と第三者がさらに売買契約を
締結して、所有権譲渡もなされていた場合において、物権行為の無因性を貫
徹すると、被詐欺者は第三者に対しては、不当利得返還請求権を行使するこ
とができない。なぜならば、不当利得返還請求権は債権であるため、絶対性
をもたないからである。そうすると、第三者の所有権取得に対しては詐欺取
消しの影響がないから、この動的安全は図られるけれども、被詐欺者の保護
という静的安全は図られないことになる。しかし、このような詐欺取消しの
場面を念頭におくと、たとえ物権行為の無因性が取引の安全に資するものと
はいえ、それに傾きすぎているといえる。

　以上のように、物権行為の無因性は、物権債権峻別論に基づく理論上の観
点と、取引の安全をより保護するためという実務上の観点から、ドイツ法に
おいて認められてきた。しかし、理論においては、上述した瑕疵の同一性と
いった解釈論を通じて、実務においては、動的安全としての取引の安全より
も、静的安全としての真の権利者の保護を重視すべきという点において、い
ずれの観点からも、物権行為の無因性は克服されるべき、あるいは、否定さ
れるべき状況にある、といえよう。

3　物権変動の発生時期

(1)　前　提

　たとえば、AからBに不動産所有権を移転させることが企図された場合、この所有権は厳密にどの時点でAからBに移転するのか。この問題について、判例は契約成立時説を採用しており、通説は登記・引渡し・代金支払のいずれかがあった時点と解している、という理解が一般になされているように思われる。しかし、その理解自体はかならずしも誤りではないが、注意を要する点がある。

(2)　学説の経緯

①ドイツ法に即した見解

　まず、学説の経緯を歴史的観点からみてみよう。実は、民法典制定当初からしばらくの間は、物権行為の独自性を肯定した上で登記などがあってはじめて物権変動が発生する、という見解が多数を占めていた。これは、当時の学界において主流であった、ドイツ法の影響を直接受けたものであった。

②契約成立時説

　これに対して、判例研究の重要性を説くとともに、この問題について、物権行為の独自性を否定し、これをふまえた契約成立時説が主張された。判例が、学説とは異なり、当初から一貫して契約成立時説を採用していたこととの整合性もあいまって、この見解はまたたく間に当時の通説を形成した。

③外部的徴表説

　しかし、この契約成立時説に正面から反論する見解が現れた。その骨子は、契約成立時になんらの方式なしに物権変動が発生するとの理解は、取引当事者の合理的意思にそわない、というものであった。そこで、登記などの外部的徴表があった際に物権行為も行われると解し、そしてその時点こそが、物権変動の発生時であると主張されたのである。

④有償性説

　このように、物権行為の独自性を認めるかどうかは、そのまま物権変動の

発生時期の問題に直接に関係していたのであるが、その関係を遮断する見解が現れた。この見解は、物権行為の独自性を否定した上で、売買契約の有償性に着目し、とりわけ売買契約においては対価の支払が決定的に重要であるとして、原則として代金支払時が物権変動発生時であると解した。

　この見解は、その後、登記の移転や目的物の引渡しなども物権変動を発生させる判断基準になるとの主張をも吸収ながら、現在の通説を形成している。

　もっとも、登記の移転や目的物の引渡しまでも物権変動の判断基準としてしまうと、売主側の負担になる行為があるだけで所有権が移転してしまうことになる。つまり、登記の移転や目的物の引渡しは、買主による対価の支払とはまったく異なる行動であって、売買契約の有償性の概念では説明できない、との批判もある。

⑤なし崩し的移転説

　また、物権変動の発生時期を画一的に定める必要はそもそもない、との見解も存在する。この見解によれば、売買契約を計画する最初の時点で売主に所有権があり、売買契約の成立後に履行がすべて終わった後には買主に所有権が移っているのは間違いがなく当然のことだけれども、その間のプロセスにおいて所有権の存在をそのつど明確に定める必要はない、とされる。その間に生じる問題は、所有権の所在ではなく、民法上の別の法理によって解決されるべきものであるという。このことをとらえて、あえていうならば、所有権はなし崩し的に移転すると主張される。

　もっとも、売買契約の履行プロセスが進んでいる間に、問題とされる目的物について、所有権の確認が求められた場合に、あらゆる問題を所有権の確定なしに解決できるのか、という疑問がありうる。

(3)　**判　例**

　以上が学説の展開であるが、判例はいぜんとして契約成立時説を変更しておらず（大判大正2年10月25日民録19巻857頁・最判昭和33年6月20日民集12巻10号1585頁）、今後も変更されるようにはほとんど思われない。

　判例は、この契約成立時説を前提としつつ、目的物が特定物の場合は契約

成立時、不特定物の場合はそれが特定した時（最判昭和 35 年 6 月 24 日民集 14 巻 8 号 1528 頁）、当事者間に特約が存在する際にはそれに従う（最判昭和 38 年 5 月 31 日民集 17 巻 4 号 588 頁）といった、それぞれの対応を見せてはいるが、原則論を動かしてはいない。すでに紹介した通説である有償性説にも、傾聴に値する内容が含まれているようにも思われるが、判例は契約成立時説をなぜ変更しないのだろうか。

(4)　判例の内在的理解

①契約成立時とは

その理由は、契約成立時それ自体の意義に起因する。そもそも、契約成立時とはいったいいつのことなのか。もちろん、当事者間の関係によっては、まさに口約束の時である場合もあろう。すくなくとも、日本の民法においては、契約成立の要件として、原則として、契約書などの方式は要求されていない。つまり、たとえば売買契約は、諾成契約であるとされている。

②判例の事案

しかし、契約の成立が認められたケースとして、判例に登場してきた事案を詳細に検討すると、契約書も存在せず、代金も支払われておらず、登記も移転しておらず、目的物の引渡しもなされていないような案件は、ないのである。いずれの事案でも、なんらかの外部的徴表があり、その時点を契約成立時として判例は認定しているのである。

つまり、判例は、民法 176 条の解釈としては契約成立時説を採用してはいるものの、契約成立にあたっての事実認定については外部的徴表を重視して判断しているのである。

③判例と通説の結論

したがって、民法 176 条の解釈論として外部的徴表の存在時点を物権変動発生時ととらえる学説の見解と、民法 176 条の解釈論として契約成立時説を採用しつつ、事実認定において外部的徴表の存在によって契約成立を認定し、その時点を物権変動発生時ととらえる判例の見解とは、結論として差異がないということになるのである。

　とりわけ、実際に訴訟において登場してくる案件を適切に処理することを第一の目的としている裁判の場において、結論に相違がみられない理論をあえて新たに採用する必要性は乏しい、とも評価することができるだろう。

⑸ 私 見
①登記の重要性

　私見としては、意思主義の部分でもすでにふれたように、すくなくとも不動産物権変動に関しては、登記が最も重要な基準とされるべきとの観点から、原則として登記時に物権変動が発生すると解している。また、目的物が動産の場合には、引渡しがなされた時に物権変動が発生すると考えている。この結論は、当事者の合理的意思にも合致すると思われる。

　この見解は、民法 176 条が物権変動の発生にあたって当事者の意思を要することをもちろん前提としている。その上で、民法 176 条は、物権変動の発生にあたって、登記や引渡しを排除していない、と解するのである。したがって、この私見は、立法論ではなく、あくまで解釈論として提示される。

②発生原因と発生時期の分離

　そもそも、なにに基づいて物権変動が発生するのかという発生原因の問題と、いつの時点で物権変動が発生するのかという発生時期の問題は、それぞれ別の事柄である。これは、現在における学説の到達点であり、肯定されるべきである。

　この理解を前提としながら、民法 176 条が定めているのは物権変動の発生原因の問題のみであって、その発生時期の問題については規定が存在しないと解することもできる。このことから、意思主義を維持しつつ、たとえば不動産物権変動の発生時期の問題として登記時移転説を採用することは、十分に可能である。問題の画一的処理という観点からも、とりわけ不動産が目的物となっている場合において、登記ほど明確な基準はないと考えられる。

　なお、民法 555 条によれば、売買契約に基づく売主の義務は財産権移転義務であるから、債権行為である売買契約それ自体から直接に所有権移転が生じると解するのは、そもそも文理解釈として無理があるものと思われる。

第二章　不動産物権変動

一　不動産登記制度

1　登記記録

(1)　不動産登記法

　民法 177 条には、不動産物権変動の対抗要件として登記を要求する旨が規定されている。それでは、登記とはそもそもどのようなものなのか。日本の民法においては、登記は対抗力と推定力をもっているけれども、上述したとおり、公信力はもっていない。

　それでは、つづいて、不動産登記制度について理解を深めていこう。参照すべき法律として不動産登記法があるけれども、この法律は2004年に抜本的に改正されているから、注意を要する。

　なお、この不動産登記法は、もともとは、ドイツの土地登記法を参考に制定されている。民法の不動産物権変動に関する規定、とくに民法 176 条・177 条がフランス法を継受したとされているのと比べると、その違いは大きい。つまり、日本法においては、不動産物権変動に関して、その実体法についてはフランス法を、その手続法についてはドイツ法を、それぞれ継受しているのである。ここにも、日本の不動産物権変動論が錯綜している理由がある。

(2)　登記記録の内容

　登記事務の所管は登記所（法務局など）にあり、登記官が事務を担当してい

る（不動産登記法6条・9条）。管理されている登記記録は、1筆の土地または1個の建物ごとに作成される。物を基準として登記記録が編成されていることから、この編成方法は物的編成主義と呼ばれる（不動産登記法2条5号・9号）。

　これに対して、物権を有する者を基準として登記記録を編成する方法も考えられる。これを人的編成主義と呼ぶ。もっとも、取引にあたって重視されるのは、物権を有する者ではなく、目的物であることがほとんどであろう。このため、物的編成主義の方が、実務上は便宜である。

　ただし、人的編成主義を採用したとしても、別途、目的物からも登記情報を調べることのできる仕組みを用意すれば、物的編成主義と同様の利便性を確保することはできる。いずれにしても、現在においては、登記記録はデータ上で管理されていることから、検索するにあたって支障は生じないであろう。

　登記することのできる権利は、所有権・地上権・永小作権・地役権・先取特権・質権・抵当権・賃借権・配偶者居住権・採石権の10種類である（不動産登記法3条）。したがって、入会権のように登記できない物権があるのに対して、賃借権のように登記できる債権があることに、注意を要する。

　そして、登記記録は表題部と権利部に区分されている（土地について**図表3-4**・建物について**図表3-5**）。前者には、不動産の所在地や建物の種類などの物理的現況が登記され、後者は甲区と乙区にさらに区分された上で、甲区には所有権に関する登記事項、乙区には所有権以外の権利に関する登記事項がそれぞれ記録される（不動産登記法59条以下）。したがって、金融実務において重要な抵当権は、乙区に記録される。

　なお、登記記録は、もともとは台帳と登記に分かれていたところ、現在は、前者が表題部として、後者が権利部として、登記記録の中であわせて記載されている。台帳が不動産に関する徴税の情報として位置づけられていたことから、現在の表題部における所有者欄も、徴税目的でその情報が利用される。したがって、民法177条における対抗要件としての登記は、原則として、権利部に記録されたものを指すことに注意を要する。

（図表 3-4）

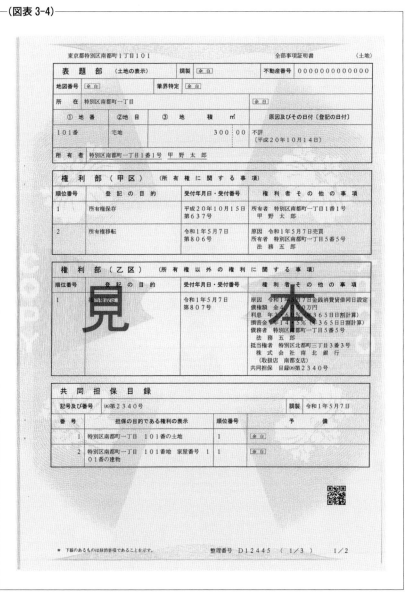

出典：法務省ホームページ https://www.moj.go.jp/content/001309855.pdf

(図表 3-5)

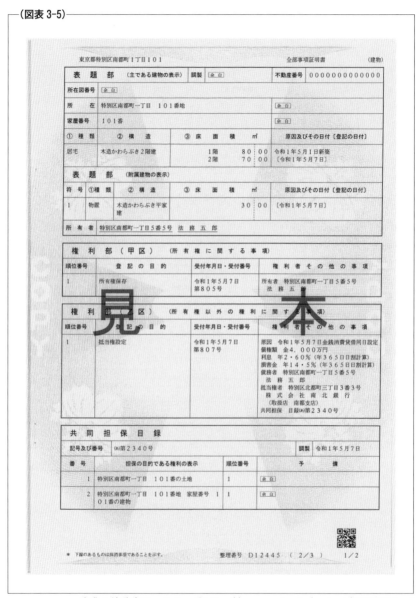

東京都特別区南都町1丁目101　　　　　　　　全部事項証明書　　　（建物）

| 表　題　部　（主である建物の表示） | 調製 | 余白 | | 不動産番号 | 0000000000000 |

| 所在図番号 | 余白 |

| 所　　在 | 特別区南都町一丁目　101番地 | 余白 |

| 家屋番号 | 101番 | 余白 |

①　種　類	②　構　造	③　床　面　積　㎡	原因及びその日付〔登記の日付〕
居宅	木造かわらぶき2階建	1階　80：00 2階　70：00	令和1年5月1日新築 〔令和1年5月7日〕

| 表　題　部　（附属建物の表示） | | | |

符　号	①種　類	②　構　造	③　床　面　積　㎡	原因及びその日付〔登記の日付〕
1	物置	木造かわらぶき平家建	30：00	〔令和1年5月7日〕

| 所　有　者 | 特別区南都町一丁目5番5号　法　務　五　郎 |

| 権　利　部　（甲区）　　（所　有　権　に　関　す　る　事　項） | | | |

順位番号	登　記　の　目　的	受付年月日・受付番号	権　利　者　そ　の　他　の　事　項
1	所有権保存	令和1年5月7日 第805号	所有者　特別区南都町一丁目5番5号 　　　　法　務　五　郎

| 権　利　部　（乙区）　　（所　有　権　以　外　の　権　利　に　関　す　る　事　項） | | | |

順位番号	登　記　の　目　的	受付年月日・受付番号	権　利　者　そ　の　他　の　事　項
1	抵当権設定	令和1年5月7日 第807号	原因　令和1年5月7日金銭消費貸借同日設定 債権額　金4，000万円 利息　年2・60％（年365日日割計算） 損害金　年14・5％（年365日日割計算） 債務者　特別区南都町一丁目5番5号 　　　　法　務　五　郎 抵当権者　特別区北都町三丁目3番3号 　　　　株　式　会　社　南　北　銀　行 　　　　（取扱店　南都支店） 共同担保　目録(あ)第2340号

| 共　同　担　保　目　録 | | | |

| 記号及び番号 | (あ)第2340号 | | 調製　令和1年5月7日 |

番　号	担保の目的である権利の表示	順位番号	予　　備
1	特別区南都町一丁目　101番の土地	1	余白
2	特別区南都町一丁目　101番地　家屋番号1 01番の建物	1	余白

＊　下線のあるものは抹消事項であることを示す。　　　　整理番号　D12445　（2/3）　　1/2

出典：法務省ホームページ https://www.moj.go.jp/content/001309856.pdf

2　登記手続

⑴　原則としての当事者による申請

　登記は、原則として当事者の申請に基づいて行われる(不動産登記法16条)。その登記について登記法上の利益を得る者を登記権利者といい、登記法上の不利益を被る者を登記義務者という（不動産登記法2条12号・13号）。これらは登記手続法上の概念である。もっとも、通常は司法書士に申請手続の代理を求めることが多い。

　また、相続が発生した場合には、相続登記の申請をすることが義務づけられている（不動産登記法76条の2第1項）。これは、所有者不明不動産の存在が社会問題になっているところ、このような事態をできる限り避けるためになされた方策の1つであり、2021年の改正により制度化された。

　登記手続にあたって最も留意されるべき点は、申請された登記内容が当事者の真実の意思に基づくものかどうかである。この点は、意思の真実性の問題と同時に、本人確認をどのように適切に行うかという問題とも関係する。

⑵　共同申請の原則

　権利に関する登記の場合、以上の観点から、登記権利者と登記義務者による共同申請が原則である(不動産登記法60条)。登記申請によって負担を被る登記義務者を登記手続に関与させることによって、当事者の真実の意思を保障しようということである。

⑶　登記識別情報

　また、本人確認については、申請書面に対する記名押印と印鑑証明書の添付とともに、登記識別情報の提供が求められる（不動産登記法22条）。これは、従前の登記済証、いわゆる権利書に代わって、2004年の不動産登記法改正時に導入されたもので、アルファベットと数字によって構成されている、一種のパスワードである。登記手続時に登記名義人に交付されているので、新たな取引をする際には、この登記識別情報を提出することによって、提出

者が登記名義人本人であることを証明できる、という仕組みである。

(4) 登記原因証明情報

さらに、権利に関する登記の場合は、登記原因証明情報の提供も求められる（不動産登記法 61 条）。これは、当事者の真実の意思を確認するために行われる。この登記原因証明情報の提供が義務化されたことにより、物権変動の原因が、手続上もより重視されるようになったと評価することができる。

(5) 登記官の審査権限

以上の手続を経て、申請が登記官により受け付けられ、その受付番号に従って登記がなされる（不動産登記法 19 条・20 条）。

この点に関連して、登記官の審査権限は形式的であるとか、登記官は形式的審査権だけをもつとか、よくいわれる。しかし、日本においても、原則として、登記原因証明情報を提出しなければ登記を申請することはできない。この情報には、まさに登記の原因が示されているのであるから、登記官は登記の実体法上の原因を審査することになる。したがって、登記官の審査対象は手続上の形式的な内容に限定されているわけではない。

だから、形式的審査主義について、実体を審査しないという意味でその表現を採用するのは、誤りである。むしろ、登記官は実質的審査権をもっているとも評価できるのである。

(6) 登記記録の閲覧

このように作成された登記記録の内容は、登記事項証明書の交付を受けることで、誰でも確認することができる（不動産登記法 119 条）。この点は、日本の不動産登記法の特徴であるといえる。

ちなみに、日本の不動産登記法は、先述のとおり、ドイツの土地登記法を継受したものである。しかしながら、ドイツの土地登記法においては、登記記録の閲覧は、一定以上の利害関係を有する者のみに制限されている。つまり、日本とは異なり、ドイツでは、誰でも登記記録を見ることができるわけ

ではない。不動産の権利に関する情報は個人情報であるから、プライバシー
の保護と密接に関係する。日本においても、今後は同じ観点からの議論を要
すると思われる。

二　不動産登記をめぐる問題

1　登記請求権

(1)　問題の所在

　上述のように、登記を申請するためには、当事者が共同でしなければなら
ない。しかし、場合によっては、相手方が登記申請手続に協力してくれない
こともありうる。したがって、このような場合、登記手続の当事者はお互い
に相手方に対して登記請求権を有している、と解さなければ、事態の打開を
図ることができない。

　なお、登記請求権が問題となるケースの多くは、実体法上の権利者が登記
手続法上の登記権利者として、実体法上の義務者である登記手続法上の登記
義務者に対して、登記請求権を行使する場合である。その典型例は、所有権
の譲渡がなされたにもかかわらず、譲渡人が所有権移転登記手続に協力しな
い場合である。この場合には、実体法上の権利者・義務者と登記手続法上の
登記権利者・登記義務者が一致する。

　これに対して、同じく所有権の譲渡がなされたにもかかわらず、譲受人が
所有権移転登記手続に協力してくれないために、譲渡人が引き続き固定資産
税の支払を求められたり、土地工作物責任（民法 717 条 1 項ただし書）を負う
ことになってしまったりするケースもありうる。この場合には、譲渡人は譲
受人に対して登記引取請求権を行使することができる、と解されている（最
判昭和 36 年 11 月 24 日民集 15 巻 10 号 2573 頁）。ここでは、登記義務者である
譲渡人が、実体法上の登記請求権を有する者として、登記権利者である譲受
人が、実体法上の登記協力義務を負う者となる。だから、実体法上の権利

者・義務者と登記手続法上の権利者・義務者が一致しないことになる。

(2)　具体例

①物権的登記請求権

　そこで、登記請求権が発生する具体例を検討すると、つぎのようにいうことができる。

　まず、物権変動が発生した当事者間の関係である。AからBへの物権変動があったのに、AからCへの物権変動があったかのようにC名義の登記がなされている場合、BからCに対する登記請求権が発生する。

　この場合、BC間においてはなんら債権債務関係がない。したがって、この登記請求権はBの物権に基づく登記請求権である、ということになる。

　また、売買契約に基づいて所有権の移転が計画されたようなケースにおいても、所有権が売主から買主にすでに移転していると解されるのであれば、物権に基づく登記請求権が買主に認められることに異論はない。

②物権変動に基づく登記請求権

　売買契約により、AからB、BからCへと土地所有権が移転したが、登記がAのもとにいまだ残っている場合、BはAに対して登記請求権を有するか。これが否定されてしまうと、BがCから売買代金を受領していない場合、Bはきわめて困難な立場におかれてしまう。

　というのも、Cは自らが取得した所有権に基づいて登記請求権を主張することができそうに思われるけれども、これに対して、BはCに対して売買代金を請求するにあたってなんらの対抗策もうてないからである。すなわち、このままでは、Bは、Cが売買代金を支払わない限り登記手続に応じない、と主張する状況を作り出せないのである。つまり、Bは、同時履行の抗弁権（民法533条）を主張することができなくなってしまう。

　そこで、このようなBにもAに対する登記請求権が存在することを認めて、Bに登記を経由させるべきである。しかし、このケースでは、所有権はすでにCに移転してしまっているため、Bは物権を有する者ではもはやない。このため、Bは物権的登記請求権を有しない。だから、この場合には、

物権変動がなされたこと自体に基づいて登記請求権が発生する、ということ
を認めなければならないのである。

③債権的登記請求権

　不動産の賃借人Ｂが賃貸人Ａに対して登記請求をすることも考えられる。
この場合、賃借権はあくまで債権であるから、Ｂの有する登記請求権は債権
的登記請求権であるということになる。ただ、賃借権に基づく登記は賃貸人
と賃借人の合意があってはじめて許されると解されているため（民法605条）、
登記請求権が賃借権に基づいて直接に発生するものではないことに、留意す
べきである。

　なお、売買契約における買主には、物権的登記請求権だけではなく、債権
的登記請求権も認められる。なぜならば、買主は、売買契約に基づいて、債
権者として、債務者である売主に対して、移転登記を求めることができるか
らである。したがって、もし所有権がすでに買主に移転しているのであれば、
その買主には、所有者としての物権的登記請求権と、買主としての債権的登
記請求権とが、いずれも帰属していると解される。

⑶　中間省略登記

①問題の所在

　登記請求権に関連する問題として、中間省略登記がある。中間省略登記と
は、ＡからＢに土地甲の所有権が譲渡され、その後ＢからＣに甲の所有権
が転々譲渡されたけれども、登記がいぜんとしてＡにとどまっている場合
に、ＡからＢを経由することなく直接Ｃに登記を移転することをいう。登記
手続には登録免許税がかかることもあり、実務においてしばしば行われてき
た経緯がある。

②中間省略登記の事前評価

　もっとも、中間省略登記については、中間省略登記をこれから求めるとい
う観点での中間省略登記請求権の可否に関する問題と、すでになされてし
まった中間省略登記をどのように評価するべきかという問題との、２つの論
点がある。つまり、中間省略登記の事前の問題と事後の問題とである。これ

ら問題は、区別して論じられなければならない。

　判例は、中間省略登記請求権、つまり事前の問題（**図表 3-6**）について、原則として否定的である。判例は、B が AC 間の中間省略登記の合意に対して同意を与えている場合に限って、中間省略登記請求権を認めているのみである（最判昭和 40 年 9 月 21 日民集 19 巻 6 号 1560 頁）。つまり、ABC の合意がなければ、中間省略登記請求権が認められていなかった。

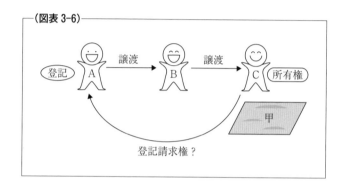

（図表 3-6）

　しかも、判例は、登記は物権の現在の帰属状態を示すのみならず、物権変動の過程を正確に記録することも、その目的としているのであるから、そもそも物権変動の過程を正確に跡づけていない中間省略登記を求める請求権の存在を、認めない（最判平成 22 年 12 月 16 日民集 64 巻 8 号 2050 頁）。上述のように、登記申請にあたっては登記原因証明情報を要することからしても、この判例の理解は是認されるべきであろう。

③中間省略登記の事後評価

　これに対して、すでになされてしまった中間省略登記の抹消が問題となっているケース（**図表 3-7**）においては、中間省略登記についての B の同意がなくても、すでに C から B に売買代金が支払われているなど、B に中間省略登記の抹消を求める具体的な利益がない場合には、B による抹消登記請求は認められないと解されている（最判昭和 35 年 4 月 21 日民集 14 巻 6 号 946 頁）。

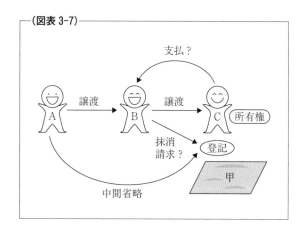

（図表3-7）

④公示制度としての登記の意義

　とはいえ、登記が公示制度である以上、登記には、現在の物権帰属状態のみならず、これまでの物権変動の過程をも正確に公示されているべきである。

　具体的な問題として、土地所有権が転々譲渡された場合に、現在の登記名義人が真の所有者であることを証明するためには、まずもって所有権登記の移転過程が順番にさかのぼって調査されることになる。しかし、途中でその過程が途切れてしまうと、所有権の所在を証明することは困難となる。この場合には、いずれかの時点でその土地所有権が時効取得されたことなどを証明する必要がある。

　すでに述べたように、日本法では、登記に公信力は認められていないのであるから、なおさら、物権変動の過程を正確に跡づける必要があるのである。

2　登記の有効要件

(1)　具体例

　実際に登記がなされたとしても、その登記が有効であるかどうかは、実体的および手続的観点から、さらに検討を要する。場合によっては、その登記を無効と扱うべきケースもありうるからである。

　具体例として、申請情報が偽造されるなど、当事者の一方に登記意思がないにもかかわらず、登記手続が実行されてしまった場合に、その登記は有効であるといえるか。また、登記官のミスで登記がなされてしまった場合はどうか。このように、手続上の瑕疵があった場合にただちにその登記を無効とするかどうかが、ここでの問題である。

(2)　判　例

　判例は、その登記が結果として実体関係に合致している場合に限定した上で、かつ、当事者にその登記の抹消を求める利益がなく、さらに、利害関係を有する第三者も存在しないのであれば、その登記を有効なものとして扱うと解している（最判昭和 41 年 11 月 18 日民集 20 巻 9 号 1827 頁）。

3　仮登記

(1)　仮登記の種類

　不動産登記制度に関する問題として、理論上も実務上も重要な位置づけを占めるのが、仮登記である。登記申請に必要な申請情報をまだ完備できないときや（不動産登記法 105 条 1 号）、不動産物権変動に関する請求権を保全しようとするときに（不動産登記法 105 条 2 号）、仮登記をすることが認められる。前者を 1 号仮登記、後者を 2 号仮登記とも呼ぶ。本登記よりも登録免許税が安いことや、手続が簡便なこともあって、実務ではしばしば利用されている。

(2)　仮登記の効力

　この仮登記がなされることによって、その後、仮登記に基づく本登記をすると、その本登記の順位は仮登記の順位によって定められることになる（不動産登記法 106 条）。つまり、結局のところ、仮登記を先にすることによって自らの権利を保全できる、というわけである（同条）。この点こそが、仮登記の有用性である。

　ただし、仮登記がもつのは順位保全効だけであるから、仮登記自体に対抗

力があるわけではない（最判昭和 36 年 6 月 29 日民集 15 巻 6 号 1764 頁）。対抗
力は、本登記がなされることによってはじめて付与される。したがって、本
登記がなされても、対抗力の取得時期は仮登記時に遡及するわけではない。

(3)　仮登記の法的性質

　理論上も、仮登記は興味深い視点を提供してくれる。不動産登記法 105 条
2 号にあるように、債権者は、自らの権利が債権にすぎない段階においても、
その債権について仮登記をしさえすれば、物権が一般に有するとされる性質
とほぼ同様の絶対性・排他性を享受することができるようになる。

　この点において、日本法よりも物権と債権を明確に区別しているとされる
ドイツ法においても、日本法におけるのと同様の仮登記制度が採用されてい
る。しかし、このように、債権的請求権に絶対性・排他性を付与してしまう
と、物権との境界が曖昧なものとなってしまう。このことから、債権の物権
化が論じられることにもなった。

　日本法においては、民法 176 条により、登記なき物権、つまり対抗力のな
い物権の存在も許容されていることから、債権への仮登記による絶対性・排
他性の付与も、比較的受け入れられやすいと思われる。けれども、ドイツ法
と同じく、日本法も物権と債権の区別を前提とするシステムを採用している
ことにかんがみると、この仮登記制度の観点からも、物権債権峻別論を再検
討する余地があると考えられる。

三　不動産物権変動の対抗問題

1　対抗の意義

(1)　二重譲渡・二重契約

①具体例

　民法 177 条によると、不動産物権変動は登記がなければ第三者に対抗でき

ない。この条文を解釈するにあたっての重要な視点は、2つある。すなわち、民法177条が適用されて登記が対抗要件となるのは、どのような物権変動なのかという点と、どのような第三者なのかという点とである。

民法177条が適用される典型例として、いわゆる二重譲渡・二重契約の事例がよくあげられる。たとえば、Aが、自らが所有する土地甲を、売買契約を通じてまずBに譲渡し、その後、Bに登記を移転しない間に、AがCに甲を二重に譲渡したというケースである（**図表3-8**）。まずは、この二重譲渡・二重契約の法的構成について検討しよう。

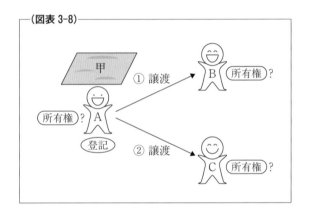

（図表3-8）

民法177条は、まさにこのようなケースを念頭において規定されたものであり、この場合、売買契約の先後を問わず、原則として、先に登記を備えた者が他方に優先して所有権を取得するという帰結が導かれる、とされている。たしかに、民法177条の文言だけをみればその通りであり、とくに問題がないようにも思われる。しかし、実はそう単純ではない。

②問題点

まず、民法176条をもう一度確認してみよう。判例によれば、物権変動は契約成立時に生じる。また、通説の見解に従えば、登記がなくても、代金支払などがなされれば、やはり物権変動の効果が発生するとされる。

ということは、最初の物権変動が発生した時点ですでにAは無権利者と

なっているのではないか。このようなAから新たに所有権を譲り受けることは不可能なのではないか。そもそもCはAから甲の所有権を承継取得することができないのではないか。

　この疑問がわき上がってくるのは当然のことといえる。まさにこの点を発端として、二重譲渡・二重契約をどのように法的に構成するかが、かなり以前から活発に議論されてきた。

　なお、不動産と同じく動産の二重譲渡・二重契約も理論上は検討の余地があるけれども、実務においてはほとんど問題とならない。不動産物権変動における対抗要件は登記であって（民法177条）、物権変動の意思表示と登記手続の間にタイムラグが生じることもある。しかし、動産物権変動における対抗要件は引渡しであり（民法178条）、かつ、その引渡しには口頭のみで行うことのできる占有改定（民法183条）も含まれるため、物権変動の意思表示と占有改定が同時に行われることにより、譲受人は所有権を取得するとともに対抗要件を備えることができる（→第三部第三章）。そうすると、譲渡人はまさに完全な無権利者となるから、同じ目的物を二重譲渡することはできなくなる。それでもなお、譲渡人が同じ動産を目的物として第三者と売買契約を締結したとすれば、それは二重譲渡ではなく二重売買契約がなされたにすぎない。この場合の第三者の保護は、即時取得（民法192条）という別の法理によって図られる（→第三部第三章）。

(2)　**判　例**

　この点につき、判例の見解はかならずしも明らかではないけれども、不完全物権変動説を採用していると一般には考えられている（最判昭和33年10月14日民集12巻14号3111頁）。

　すなわち、AからBへの所有権の移転が生じたとしても、それに関する登記がなされない限り、AB間の物権変動は不完全なものであり、Aには不完全ながらも所有権が残っていると解する。それゆえ、CはAから所有権をいまだ譲り受けることができる、と説明する。その上で、BとCそれぞれの不完全な所有権は、登記をすることによって完全な所有権となる、と考えるの

である。

ただし、この見解を採用するのであれば、不完全な物権という概念の曖昧さについて批判されることを、覚悟しなければならない。この点につき、不完全な物権という概念をより明確にする試みとして、二段階物権変動説も主張されている。この見解によれば、民法 176 条に基づき、まず当事者間において相対的な物権の移転があり、これを萌芽的物権と称する。そして、民法 177 条により、絶対的な物権の移転が定められていると説明される。

とはいえ、この見解によったとしても、萌芽的物権の内容はいまだ不明確であり、まさにこのことこそが、解明されるべき核心であることからすれば、不完全物権変動説を根拠づけるためには、理論をさらに精緻化する必要があると思われる。

(3) 学 説

①第三者主張説

これに対して、学説の見解はきわめて多様である。以下、主要な見解に限定して検討することとする。

まず、民法 176 条が定める意思主義を出発点として、A から B への所有権の移転を完全に有効と認めた上で、その物権変動に関する登記がなされない間に一定範囲の第三者からその物権変動の効力を否定する主張があった場合に、AB 間の物権変動の効力が否定されると解する、いわゆる第三者主張説がある。

しかし、C が、A から B への物権変動の事実をそもそも知らずに A と契約を締結し、登記を備えることも考えられる。この場合にも、民法 177 条に基づく C の確定的な権利取得は肯定されるべきと考えられるけれども、善意の C に、AB 間の物権変動の効力を否定する主張を行う意思があったかといえば、そうではないだろう。この点に、第三者主張説の難点がある。

②公信力説

つぎに、第三者主張説と同じく、民法 176 条の存在を重視し、最初の物権変動の発生によって A が無権利者となることを認めた上で、C による権利取

得を、Ａにとどまっている登記の公信力によるものと解する見解がある。

　公信力説と称されるこの見解は、Ｃが保護されることにつき、登記への信頼に関して善意無過失を求める。判例の立場によると二重譲渡の場面においては悪意の第三者も保護されてしまう、との疑問が、公信力説の端緒ともなっている。

　しかし、登記に公信力はないというのが、判例と通説の見解である。たとえ、二重譲渡の場面に限定して民法177条の解釈論の範囲内においてのみ、登記の公信力を認めるにすぎないとしても、この公信力説を採用するためには、条文上の根拠がないにもかかわらず、公信力というきわめて強い効果を登記に認めなければならないことについて、より積極的な根拠を要すると思われる。

③法定取得失権説

　さらに、やはり民法176条を出発点として、Ｂによる最初の権利取得を完全に認めつつ、その上で、公信力説とは異なり、登記の公信力を根拠とはせずに、Ｃが登記を備えることによって、Ｃが権利を確定的に取得するとともに、反射的にＢが権利を失うとする、法定取得失権説も存在する。

　Ｂが登記を備えることができたにもかかわらずそうしなかった点をとらえて、Ｂの失権の根拠とするものである。この見解は有力であり、学説において通説とも評価しうるほどである。

④判例と学説の違い

　判例とこれら学説との違いは、けっして理論上のことだけではない。とりわけ、ＡからＢとＣに甲が二重譲渡されたけれども、登記がまだＡのもとに残っている場合に、違いが生じる。

　この場合、判例のいう不完全物権変動説によると、ＢとＣがお互いに請求をしたとしても、両者ともに敗訴することになる。ＢもＣも対抗力を備えていないからである。

　ところが、同じ場面でも、たとえば法定取得失権説によると、ＢがＣに勝訴し、ＣはＢに敗訴する。なぜならば、先に譲渡を受けたＢは民法176条により完全な所有者になっているからである。これに対して、Ｃは、登記を備

えない限りまったく物権を取得していないからである。

⑤私　見

　私見としては、民法 176 条の解釈論として、原則として登記がなければ物権変動がそもそも生じないと考えているので、BC ともに未登記の間は、二重譲渡ではなく売買契約が二重に存在しているだけであり、理論上なんら問題がないものと解される。

　その後、B または C のいずれかが登記を備えてはじめて物権変動の効果が民法 176 条に従って発生し、同時に、民法 177 条によって、二重譲渡における権利関係も、登記を経由した者の対抗力とともに確定するものと考えている。

2　登記を要する物権変動の範囲

(1)　問題の所在

①判　例

　つぎに、民法 177 条が適用されるのはどのような物権変動なのか、についてみてみよう。もっとも、登記を要する物権変動の範囲につき、民法 177 条はとくに制限を設けてはいない。これに対して、動産を対象とする民法 178 条は、物権の譲渡に限定している（→第三部第三章）。

　判例は、物権変動の範囲に関して、以前からずっと無制限説を採用したままである（大連判明治 41 年 12 月 15 日民録 14 輯 1301 頁）。つまり、民法 177 条の文言通りの解釈をしている。

　その具体例は、相続法が改正される前に存在していた制度である家督相続による、甲乙の所有権の移転があったケースであった（**図表 3-9**）。判例は、このケースについて、相続人も登記をしない限り第三者に対抗することができないと判示した。

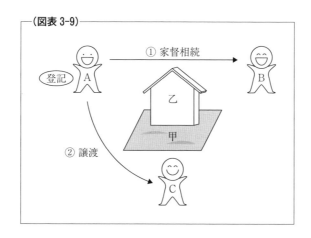

（図表 3-9）

①　家督相続

②　譲渡

A　B　C　登記　乙　甲

　家督相続の場面すら民法 177 条の適用例となるのであるから、それ以外の物権変動のケースも当然に同条の適用範囲に含まれる、という理解がなされている。その後も、判例はいぜんとして無制限説の立場を変更していない。

②学　説

　とはいえ、物権変動の原因としては、意思表示はもちろん、相続や時効など、いくつかの原因が考えられる。それでは、あらゆる物権変動が、登記されなければ第三者に対抗できないのであろうか。

　学説においては、判例とは異なり、対抗問題あるいは対抗関係が生じる場合にのみ民法 177 条の適用が認められるとするなど、民法 177 条が適用される物権変動の範囲を一定の範囲に制限しようという試みもみられる。いわゆる、食うか食われるかの関係に限定する、という見解もある。

　そして、民法 177 条の物権変動を制限するこれら判断基準を、後述する、民法 177 条の第三者の範囲を制限するかどうか、制限するとしてどのような基準で制限するか、の問題とも関連させつつ、民法 177 条における物権変動と第三者の範囲を統一的に把握しようとする見解もみられる。

　しかし、上記のような抽象的な判断基準を示したとしても、結局のところ、具体的にどのような物権変動が対抗問題または対抗関係として扱われるのか、あるいは、それが食うか食われるかの関係なのか、について検討しなけ

ればならない。したがって、さまざまな物権変動それぞれについての、個別
具体的な考察が必要となる。

(2)　取消しと登記
①具体例
　まず、意思表示を原因とする物権変動については、当然に民法 177 条が適
用される。売買や贈与によるものが典型例である。この点について異論はな
い。遺言による物権変動についても同様である（最判昭和 39 年 3 月 6 日民集 18
巻 3 号 437 頁）。
　それでは、取消しによる物権変動（民法 121 条）についても民法 177 条の適
用があるだろうか。取消しも、意思表示にほかならない（民法 123 条）。
　具体例として、A が売買契約に基づいて B に土地甲の所有権を譲渡し、登
記も移転したが、その後、詐欺などを理由にその契約を取り消して、B に対
して登記の抹消と目的物の返還を求めたというケース（**図表 3-10**）をあげる
ことができる。ここで、A の取消しと前後して、B から転売を受けた第三者
C が登場した場合に、AC 間の関係をどのように規律するかという問題が生
じる。

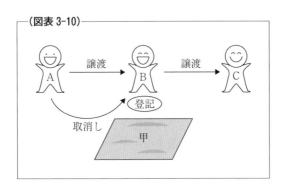

②判　例
❶取消し前の第三者
　判例は、取消し前の C（**図表 3-11**）と取消し後の C（**図表 3-12**）を分けて

考えている。

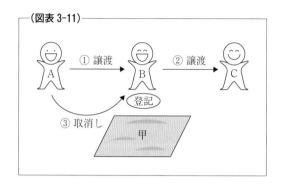

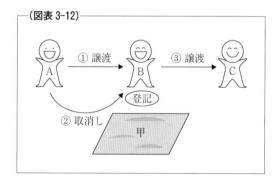

　取消し前のＣに関しては、民法 121 条に規定されているように、取消しの遡及効を前提とした上で、これによって不利益を被るＣを保護するために民法 96 条 3 項が存在すると解して、民法 177 条ではなく民法 96 条 3 項によってＣを保護する。この際、Ｃが登記を備えていることは要しないと解されている（最判昭和 49 年 9 月 26 日民集 28 巻 6 号 1213 頁）。

　ただし、この取消し前に第三者が現れたケースに関する判例の理解については、有力な反対説がある。すなわち、判例は登記必要説を採用しているというのである。

　上記の判例のケースにおいては、目的物は農地であった。農地の売買につ

いては、農地法3条により、農業委員会の許可がなければ所有権を移転することができないと定められている。所有権を移転しなければ本登記をすることもできない。許されるのは仮登記のみである。判例のケースの買主は、仮登記については備えていた。

買主の仮登記をもって、仮登記をしていたからこそその買主は保護されたとも評価できるし、あるいは、仮登記をしていたけれども本登記はしていなかったのに保護されたとも評価できる。前者をとれば登記必要説の根拠となり、後者をとれば登記不要説の根拠となる。

私見としては、心裡留保（民法93条）や通謀虚偽表示（民法94条）における真の権利者とは異なり、詐欺の被害者の帰責事由はほとんど認められないのであるから、できる限り被詐欺者を保護する方策を講じる必要もあると考えている。このため、第三者の保護要件をより厳しくすべきと思われる。そこで、民法96条3項の解釈論として、第三者が自らできる限りのことをすることを要件に加えることは十分に考えられる。不動産が目的物の場合には、それは登記の具備ということになろう。

なお、このケースでの登記は、対抗要件としての登記ではない。AとCは対抗関係にたっていないからである。ここでの登記は、Cが民法96条3項に基づいて保護を受けられるかどうかという意味での、権利保護資格要件としての登記である。だから、ACともに未登記である場合、Aが勝訴することになる。なぜならば、権利保護資格要件としての登記を備えていないCは、そもそも民法96条3項の第三者として扱われないから、同条1項が適用され、Aの取消権の行使に基づく売買契約の遡及的無効が貫徹されるからである。これに対して、もしこの登記を対抗要件としての登記と理解するのであれば、同じくACともに未登記である場合には双方ともに敗訴することになる。

なお、取消しの原因が強迫であった場合には、取消し前のCは保護されない。96条3項は詐欺取消しのみを明示して第三者保護を図っているからである。強迫の場合には、同条同項の反対解釈により、被強迫者Aが保護されると解すべきである。また、取消権者が制限行為能力者であった場合にも、同

様に考えるべきである。

❷取消し後の第三者

それでは、取消し後のＣに関してはどうか。判例は、民法96条3項の適用はないとした上で、取消しによってＢからＡに物権変動が復帰的に発生し、また、ＢからＣにも売買契約に基づく物権変動が発生し、それぞれＢを起点とする二重譲渡と類似した状況になったと解して、民法177条の適用を肯定する（大判昭和17年9月30日民集21巻911頁）。すなわち、ＡもＣも、相手方に対抗するためには登記を要するということになる。

③学　説

これに対して、学説は、取消しの前と後で取消しの遡及効を貫徹させたりさせなかったりするのは理論上問題があり、また、民法96条3項が適用される場合にはＣは善意無過失でなければ保護されないのに対して、民法177条が適用される場合には善意有過失または悪意のＣも保護されてしまい、結論として不当であると批判する。

そこで、取消し前のＣは民法96条3項によって保護されるが、取消し後のＣは民法94条2項の類推適用によって保護されるとする見解が有力に主張されている。Ｂのもとにとどまっている登記を信頼して取引を行ったＣの存在が、通謀虚偽表示の場合の第三者と同様に評価することができ、かつ、取り消した後であれば自らのもとに登記を戻すことが可能であったのにそれをしていなかった点に、Ａの帰責事由を見出すことができるというのが、その理由である。

こうすれば、取消しの前と後をとわず、取消しの遡及効は貫徹される（民法121条）。しかも、いずれの場合にも、悪意の第三者は保護されなくなるし、登記の有無も第三者の保護に影響を与えない。もっとも、登記の有無については、上述の通り、民法96条3項の解釈論により違いが出てくるし、民法94条2項の直接適用または類推適用の解釈論によっても違いが出てくるので、注意を要する。

あるいは、これに対して、取消しの前と後をとわず、いずれの場面をも対抗問題として扱い、民法177条を用いて統一的な処理をしようとする見解も

ある。この見解によるならば、いずれの場面においても、登記が判断基準とされる。

④無効の場合

なお、取消しにより遡及的に無効となった場合ではなく、そもそも無効であったというケース（**図表 3-13**）においては、Bは当初から無権利者であり、復帰的物権変動を観念する余地もないと考えられるから、民法 177 条を適用することはますます困難となると思われる。

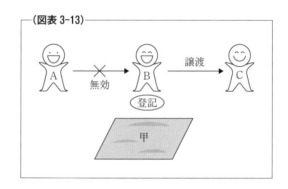

(3)　解除と登記

①解除の法的性質

つぎに、同様の事案で、AB間の売買契約が債務不履行などにより解除された場合（**図表 3-14**）はどうか。判例は、契約の解除がなされた場合、その効果に関する直接効果説の考え方を前提として、契約ははじめから無効であったと解し、物権変動もなかったものと考える。

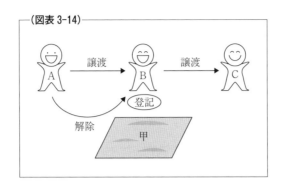

（図表 3-14）

②判　例

❶解除前の第三者

　それゆえ、取消しの場合と同様に、解除前に現れた C については、解除の
場合の第三者保護規定である民法 545 条 1 項ただし書を適用して、C の保護
を図る。この場合、C が保護されるためには、登記が必要と解されている（最
判昭和 33 年 6 月 14 日民集 12 巻 9 号 1449 頁）。A に帰責事由が認められないの
で、C の保護要件が加重されているのである。なお、判例は、この登記を対
抗要件としての登記と解しているようであるが、取消し前の第三者における
登記必要説と同じく、権利保護資格要件としての登記と解するべきだろう。

　とはいえ、ここでは、C の善意まで要求されるべきではない。なぜならば、
AB 間の解除原因である、B の債務不履行の事実を、たとえ C が知っていた
としても、その後、AB 間の契約が解除されるかどうかはまだ不明だからで
ある。A が B の履行を辛抱強く待ち、その結果 B による履行がなされ、A が
結果として解除をしない、ということも十分ありうるからである。実務にお
いて、そのような対応がとられることは実際によくある。だから、詐欺に基
づく取消しの場合と同様に考えてはならない。

❷解除後の第三者

　そして、判例は、解除後に現れた C についても、取消しの場合と同様に、
B から A への復帰的物権変動と B から C への物権変動を二重譲渡に類似し
た対抗関係ととらえて、民法 177 条を適用している（最判昭和 35 年 11 月 29 日

民集 14 巻 13 号 2869 頁)。したがって、登記が対抗要件となる。

③学　説

　学説においては、民法 545 条 1 項本文に、当事者の原状回復義務が規定されていることから、解除の効果を遡及的無効と解さずに、C の登場時期が A による解除の前であったか後であったかをとわず、復帰的物権変動による二重譲渡に類似した構成を積極的に肯定する見解がある。

　これに対して、判例と同じく、解除の法的効果について直接効果説を採用しつつ、解除による遡及的無効を前提とした上で、解除後の C との関係においては、民法 94 条 2 項の類推適用により問題を処理すべきとの見解も有力である。

　また、取消しと登記の問題と同じく、解除の前と後をとわず、いずれも対抗問題であるとみて、民法 177 条を用いた統一的処理を図る見解も存在する。

(4)　相続と登記

①共同相続の流れ

　つづいて、相続を原因として物権変動が発生した場合にも、民法 177 条の適用はあるだろうか。相続に基づく物権変動をめぐる問題は、多くの論点を含んでいる。

　まず、前提となる知識を整理しよう。相続が発生すると、被相続人から相続人に一身専属権を除いたあらゆる権利義務が承継される（民法 882 条・896 条）。

　相続人が 1 人であればその者が単独相続することになるが、複数人存在する場合には共同相続となり、原則として、相続財産は共同相続人の共有となる（民法 898 条・909 条ただし書）。その後、共同相続人間で遺産分割がなされることによって、各相続財産についての具体的な帰属が確定される（民法 906 条・909 条）。

②共同相続と登記

❶具体例

　まず問題となるのが、共同相続のケースである。たとえば、A と B が土地

甲につき共同相続をし、その持分がそれぞれ2分の1ずつであったとする。この際、Bが、自らが単独相続をしたとの不実の登記をし、第三者Cに甲を売却してしまった場合（**図表 3-15**）、Aは自己の持分である2分の1をCに対抗するのに登記を必要とするであろうか。

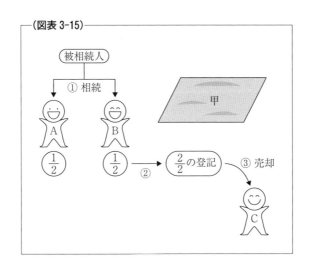

なお、Bも自らの2分の1の持分については正当な権利者なのであるから、その分をCに譲渡できることについては問題はない。

❷判　例

この点につき判例は、Bの登記はAの持分に関する限り無権利の登記であるところ、登記に公信力はないのであるから、CもAの持分に関する限りその権利を取得することはできないので、Aは自らの持分を登記がなくても対抗できるという（最判昭和38年2月22日民集17巻1号235頁）。

すなわち、Bによる、自らの持分を超過した分の譲渡は、無権限者による譲渡であるから、AC間は対抗関係ではなく、民法177条は適用されないと解するのである。

その後の処理として、この場合のCを保護するために、民法94条2項の類推適用を検討する余地は残る。

③遺産分割と登記

❶具体例

つぎに、遺産分割がからんだケースについて検討しよう。2分の1ずつの持分を有する共同相続人 AB 間において、相続財産である土地甲を A の単独所有とすることについての遺産分割協議が成立したが、A が単独所有者になったことについての登記を怠っていた。そうしたところ、B が自らの持分を2分の1とする共有の登記をした上で、その持分を C に譲渡した場合（**図表 3-16**）、A は C に対して単独所有者であることを主張するのに登記を必要とするか。このようなケースの C は、遺産分割後の第三者と呼ばれる。

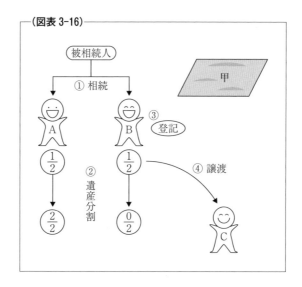

―(図表 3-16)―

これに対して、遺産分割前に C が現れた場合には、C は民法 909 条ただし書によって保護されることになる。そして、同条ただし書によって C が保護されるためには、登記を要するとの見解が通説である。A の帰責事由が通謀虚偽表示ほどには重くない、というのがその理由である。なお、この登記は、権利保護資格要件としての登記と解される。なぜなら、A と遺産分割前に現れた C とは、対抗関係にないからである。

❷判　例

　それでは、遺産分割後に現れた第三者の保護について、判例はどのように解しているのか。判例は、遺産分割が遡及効を有することを前提としつつも、第三者に対する関係においては、遺産分割時に新たな物権変動が生じたのと異ならないという。だから、民法 177 条が適用され、遺産分割により法定相続分と異なる権利を取得した相続人は、登記がなければ第三者に対抗することができないとした（最判昭和 46 年 1 月 26 日民集 25 巻 1 号 90 頁）。したがって、第三者が遺産分割の前と後のいずれに登場したかによって、理論構成が変わることになる。

　もっとも、現在においては、民法 899 条の 2 が新たに創設されている。この規定によると、相続に基づく物権変動は、遺産分割によるそれをはじめとして、法定相続分を超過する部分については第三者に対抗するために登記を要する、とされている。遺産分割による物権変動は、まさに同条の適用範囲である。また、民法 899 条の 2 は、民法 177 条の特則と考えられる。このため、現在は民法 177 条ではなく、民法 899 条の 2 第 1 項に基づいて、遺産分割による物権変動は登記をしなければ第三者に対抗できない、ということになる。

　上記の判例の実質的な内容に変更はないが、適用条文が判示された当時とは異なるので、注意を要する。

④相続放棄と登記

❶具体例

　さらに、この遺産分割のケースと類似する例として、相続放棄が介在するケースがある（民法 938 条・939 条）。たとえば、相続財産である土地甲について 2 分の 1 ずつの持分を有する共同相続人 A と B のうち、B が相続放棄をして、甲を A が単独で相続することになったにもかかわらず、B の債権者 C が、B が 2 分の 1 の持分を相続したとして、その持分について代位登記をして差し押さえたという場合（**図表 3-17**）に、AC 間は対抗関係にたつかという問題である。

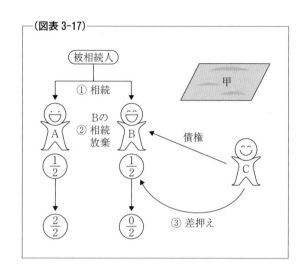

(図表3-17)

❷判　例

　判例は、遺産分割の場合と異なり、AC 間は対抗関係にたたないと解している（最判昭和 42 年 1 月 20 日民集 21 巻 1 号 16 頁）。相続放棄の効力は絶対的なもので、誰に対しても登記を要することなくその効力が生ずるとしている。

　遺産分割と相続放棄の違いとしては、前者には民法 909 条ただし書という第三者保護規定があるが、後者には存在しないこと、遺産分割には期間制限が存在しないが、相続放棄には 3 ヶ月間の制限があるため（民法 915 条 1 項）、相続放棄前に第三者が現れる可能性が相対的に低いことなどがあげられる。

　しかし、とくに期間制限を用いた理由づけは、相続放棄後の第三者の保護についていうと、根拠が薄弱ではないだろうか。

❸学　説

　学説によると、遺産分割は実質的に意思表示に基づく物権変動と同視することができるけれども、相続放棄によるほかの相続人の相続分の増加は反射的効果にすぎないと解する見解がある。したがって、遺産分割の結果として不動産を取得した者に登記を要求するのは合理的だが、相続放棄の場合は反射的に相続分が増えたほかの相続人に登記を要求することは難しい、とい

う。これらを根拠として、判例と同様の見解を採用する学説もある。

　これに対して、遺産分割の場合も相続放棄の場合も、一貫して遡及効を重視して、第三者の保護を民法 94 条 2 項の類推適用で図るべきとの見解もある。実質的にみると、相続放棄を持分の贈与ととらえることもできる。また、実務においては、遺産分割が実質的な相続放棄として行われることもある。これらの点を考慮すると、遺産分割と相続放棄のそれぞれにおける法的処理に統一性をもたせた方がよいとする見解にも、十分な理由があるといえる。

⑤遺贈と登記

❶具体例

　A が B に土地甲を贈与する旨の遺言を残していたとする。これを遺贈という。ここで A が死亡すると、遺言の効果が発生して、甲の所有権は A から直接 B に移転する（民法 985 条 1 項）。ここで、B が甲の所有権に関する登記を経由しないでいたところ、A の相続人 C が、甲の所有権について相続登記をし、所有者を C であると誤信した D に対して甲を売却した場合、B が D に対して自らの権利を主張するのに登記は必要だろうか（**図表 3-18**）。

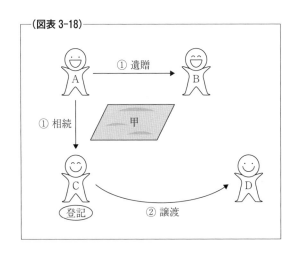

（図表 3-18）

① 遺贈　A → B
① 相続　A → C
甲
C（登記）
② 譲渡　C → D

❷判　例

　判例は、民法 177 条の適用があると解して、登記必要説にたっている（最判昭和 39 年 3 月 6 日民集 18 巻 3 号 437 頁）。

　なお、この場合の根拠条文は民法 177 条である。民法 899 条の 2 ではない。というのは、遺贈の相手方である受贈者は相続人の場合もあれば、そうではない場合もあるからである。

　民法 899 条の 2 の規律対象は、相続による物権変動である。そうだとすると、相続人以外に対する遺贈は、民法 899 条の 2 の規律対象ではないことになる。民法 177 条と 899 条の 2 は、上述の通り、物権変動に関する一般法と特別法の関係にあると解することができる。したがって、遺贈における第三者対抗要件としての登記は民法 177 条における登記、ということになる。

　なお、このケースにおいて、遺言執行者として E が選任されていた場合には（民法 1006 条 1 項）、相続人 C は遺言の執行を妨げる行為をしてはならないし（民法 1013 条 1 項）、そのような行為は無効とされている（民法 1013 条 2 項本文）。ただし、善意の第三者は保護されると定められている（民法 1013 条 2 項ただし書）。このため、D が保護されるためには、民法 177 条における登記を備えるだけではたりず、E の存在について善意であることも求められる。

⑥相続させる旨の遺言と登記

❶遺贈との異同

　A が土地甲の所有権を遺贈するのではなく、甲の所有権について相続させる旨の遺言を残すことがある（特定財産承継遺言について、民法 1014 条 2 項）。被相続人が遺産を残したいと考えている対象者が法定相続人でもある場合、遺贈によっても、相続させる旨の遺言によっても、同じ効果を発生させることができるからである。

　しかも、従前までは、登録免許税の点で両者に違いがあった。従前の登録免許税は、遺贈の場合と相続させる旨の遺言による場合とで大きく異なっていて、相続させる旨の遺言の場合の方が低額であったため、その負担の違いがあった。

　しかし、現在はいずれも同じ税率で統一されているため、相続させる旨の

遺言に関して、遺贈との比較において、登録免許税の点でのメリットはなくなっている。

❷判　例

　AがBに甲の所有権を相続させる旨の遺言を残して死亡したところ、法定相続人Cが甲の所有権を相続したものとして、Cの債権者Dが甲の所有権を差し押さえた場合、どのように解するべきか（**図表3-19**）。この場合について、判例は、まず、相続させる旨の遺言を、遺贈とは原則として解さずに、相続分の指定（民法902条）を含むことのできる遺産分割方法の指定（民法908条）と解した（最判平成3年4月19日民集45巻4号477頁）。その上で、Bが自らの権利をDに対して主張するのに、登記を要しないと解していた（最判平成14年6月10日家月55巻1号77頁）。

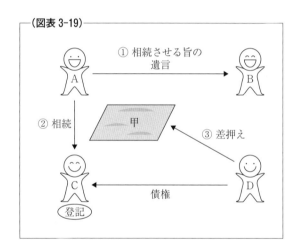

（図表3-19）

　しかし、その後、民法が改正され、民法899条の2が新たに創設された。これによれば、相続による権利の承継は遺産分割によらなくても相続分を超える部分については登記を要する、とされている。したがって、現在においては、相続させる旨の遺言による物権変動は、この民法899条の2第1項によって規律されることになるから、第三者に対抗するためには登記を要す

る。すなわち、上記の判例は、法改正によってすでにその意味をもたなく
なっているから、注意しなければならない。

⑸ 取得時効と登記
①具体例
　民法177条における物権変動の範囲に関連する最後の問題として、取得時
効による物権変動の場面をあげることができる。
　典型例は、Aが所有する土地甲につきBが占有を続けた結果、Bが甲の所
有権を時効取得したところ、Bの時効取得の前後に第三者CがAから甲の所
有権の譲渡を受けた、というものである（**図表3-20**）。この場合において、
BとCは対抗関係にたつであろうか。

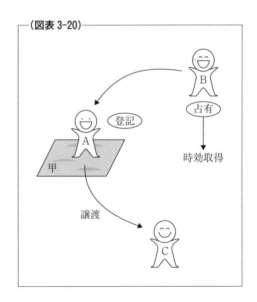

②判　例
❶第三者の登場時期による区別
　判例は、Cの登場がBの時効取得の前か後かによって区別する。

　CがBの取得時効完成前に現れた場合には、BC間は時効取得の当事者関係であるとして対抗関係にたたないとして、民法177条の適用を否定する（大判大正7年3月2日民録24輯423頁）。

　これに対して、CがBの取得時効完成後に登場した場合には、BC間は対抗関係にたち、民法177条の適用があるとする（大連判大正14年7月8日民集4巻412頁）。

❷時効の起算点の固定

　そして、このように第三者Cの登場時期が決定的な基準となっていることから、取得時効の起算点は、時効の基礎となる事実が開始した時点に固定される（大判昭和14年7月19日民集18巻856頁）。つまり、Bが占有を現在も継続している場合であっても、現時点から逆算して時効の起算点を定めることはできないのである。

　そうしなければ、第三者Cの登場時点は取得時効の完成前ということで確定してしまい、Bは、占有を継続していれば、登記をしなくてもいつでもCに対抗することができてしまうからである。すなわち、取得時効の起算点の逆算を認めてしまうと、判例のいう第三者の登場時期による区別が、そもそも成り立たなくなってしまうのである。

❸さらなる時効取得

　なお、Cが先に登記をしたとしても、その後引き続きBが当該不動産の占有を続け、再度、時効取得に必要な期間継続して占有した場合には、BはCに対して登記をしなくても時効取得を主張することができる（最判昭和36年7月20日民集15巻7号1903頁・最判昭和46年11月5日民集25巻3号1087頁）。

　なお、これら判例理論は、所有権が問題となっている場合のみならず、抵当権が問題となっている場合にも適用される（最判平成24年3月16日民集66巻5号2321頁）。

③学　説

❶登記尊重説

　これに対して、学説は、まず、つぎの2つの立場から判例を批判した。すなわち、登記重視の見解と占有重視の見解である。

　登記を重視する見解は、Ｂの取得時効が完成する前にＣによる登記がなされた時点で、Ｂの取得時効の進行が更新されるものと解すべきとして、時効完成の前後を問わず、登記によって法律関係を決しようとする。

　しかし、この見解に対しては、登記が時効の完成猶予事由または更新事由として明文で定められていない、との批判がある。

❷占有尊重説

　また、占有を重視する見解は、取得時効制度は占有のみを基礎とする制度なのであるから、登記を判断基準としてもちだすべきではないとして、占有が継続している現時点から逆算して起算点を確定し、Ｂが時効取得を証明できるのであれば、ＢはＣに対して登記がなくても自らの権利取得を主張することができるとする。

　しかし、この見解に対しては、占有開始時が明らかな場合に、占有者の主張に応じて、その時点を取得時効の要件としての起算点として認めたり認めなかったりするのは曖昧である、との批判がある。

❸類型論

　以上の見解に対して、最近では取得時効が関連するケースを類型化し、それぞれに応じた解釈を行うことが合理的であるとの見解が有力である。

　この見解は、取得時効が問題となるケースをおもに２つに分ける。

　１つめのケースは、Ａ所有の土地甲がＢに譲渡され、Ｂが占有を始めたが、登記はＡ名義のままであったところ、ＣがＡから二重に譲渡を受け、登記も経由した後、Ｂの取得時効の要件も充足された、という事案である（**図表3-21**）。なお、判例は、自己物の時効取得も認めている（最判昭和42年7月21日民集21巻6号1643頁）。

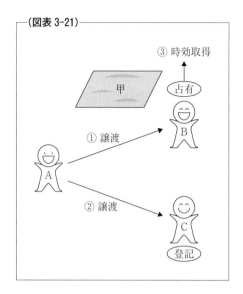

（図表 3-21）

　これに対して、2つめのケースは、AとBが隣接するそれぞれの土地甲乙の所有者であったところ、BがAの所有する甲に越境して占有を続けており、時効取得するための要件をすでに満たしていたが、その後、CがAから甲を買い受け、登記も経由したところ、Bの越境に気づいて、Bに対してその部分からの立ち退きを迫った、という事案である（**図表 3-22**）。

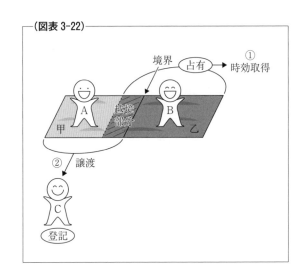

(図表 3-22)

　類型化して検討すべきと主張する見解は、前者の二重譲渡型のケースについては、原則として民法177条を適用して、登記を基準に結論を導き出すべきであり、後者の境界紛争型のケースについては、占有の継続を基準に判断するべきであるとする。

　前者のケースは、二重譲渡事例として民法177条が適用される典型例であるのに対して、後者のケースは、Bが境界を越えてAの所有する甲を占有していることを、AもBも気づいていないことが多く、また、そうであるからこそBによる越境した占有が継続してしまうのであり、このような状態にあるBに対して、自ら登記をすることを義務づけるのは、事実上、不可能をBに強いることになる。

　そもそも、民法177条を適用して登記を判断基準として用いるためには、その前提として、登記をすることができたはずなのにこれをしなかった者を不利に扱う、という状況が存在していなければならない。この点からすれば、境界紛争型の場合には、登記を判断基準とすることは許されないと解すべきことになる。このような類型論は、かなり多くの支持を得ている。

(6)　判例の実相

以上のように、民法177条における不動産物権変動の範囲につき、判例は原則として無制限説を採用してはいるものの、それぞれの事案を検討してみると、二重譲渡そのもの、あるいは、二重譲渡に類似したケースと解される事案に対してのみ、民法177条を適用している。

このため、二重譲渡類似ケースに対しては例外なく民法177条を適用するという点においては、たしかに、判例は無制限説を維持している。しかし、二重譲渡に類似していないけれども実質的には利益状況が対立する物権変動が生じたケースに対しては、民法177条を適用しない。

したがって、判例のいう無制限説は、あらゆる物権変動に対して無制限に民法177条を適用するという意味ではなく、二重譲渡類似ケースに対しては無制限に民法177条を適用するという意味で理解されるべきだろう。

もっとも、そうだとすると、学説における、対抗問題・対抗関係・食うか食われるかの関係のいずれかに限定する説と、判例の無制限説の実相とは、実際の問題解決の観点からすると変わらないのではないか、との疑問が生じてくる。

このように、判例においても学説においても、民法177条が適用されない実質的な物権変動が存在する。いずれにせよ、この場合には、民法177条以外の法理によって解決が図られているのである。

3　登記を要する第三者の範囲

(1)　制限説の採用

①当事者の除外

それでは、民法177条の第三者の範囲についてはどのように考えるべきか。まず、民法177条には、第三者と定められているのであるから、当事者がそこから除外されることはいうまでもない。土地甲の所有者であるAから甲を譲り受けたBは、登記がなくても、自らの所有権取得をAに主張することができる。

　また、このケースをうけて、その後、Aが死亡し、Cがその相続人となった場合、BとCはやはり第三者関係にならない。Cは相続人として被相続人Aを包括的に承継するため、法的にはCはAと同一の立場にあるからである。

　さらに、BからDが甲の転々譲渡を受けた場合において、AまたはCとDとの間も第三者関係にはならない（**図表3-23**）。

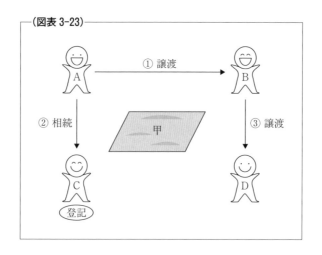

(図表3-23)

②当事者以外の者

　それでは、当事者以外の者はどうか。判例は、民法177条の第三者の範囲について、制限説を採用しており、当事者以外の者であっても、民法177条の第三者から除外する場合があることを認めている（大連判明治41年12月15日民録14輯1276頁）。

　すなわち、民法177条の第三者を、登記の欠缺（けんけつ）を主張する正当な利益を有する者、に限定しているのである。民法177条が登記を要求する理由は、第三者に不測の損害を被らせないようにすることにある。このことから、物権変動に関して利害関係のない者や、保護を与える必要のない者は、その第三者の範囲から除外される、ということになるのである。

　学説も、基準はそれぞれで異なってはいるが、判例と同様に、第三者を制限する方向で議論を進めていることに変わりはない。

⑵　客観的範囲

①肯定例

❶物権取得者

　民法 177 条の第三者にあたるかどうかを判断するにあたっては、客観的範囲と主観的範囲に分けて論じられている。

　まず、客観的範囲から検討しよう。この観点から、第三者に該当する者としては、まず物権取得者があげられる。二重譲渡の譲受人それぞれが、その典型例である。

❷不動産賃借人

　それでは、不動産賃借人はどうか。この場合については、賃借権に基づく不動産の利用権そのものが問題となっている場合と、賃借権の存在自体は認められた上で賃料請求の可否が問題となっている場合とに、区別して考える必要がある。

　前者の例として、建物甲の所有者 A が B に甲を賃貸していたところ、C に甲の所有権を譲渡し、C が B に対して所有権に基づく返還請求をするというケース（**図表 3-24**）が考えられる。このケースにおいて、C の B に対する請求が認められるために、C に登記が必要であろうか。この場合、必要と解する見解が多い。

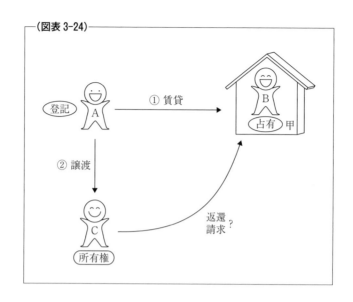

（図表 3-24）

　たしかに、賃借権は債権であるから、Cに登記がある場合はもちろん、B
もCも未登記である場合にも、物権取得者であるCが優先されるべきとも考
えられる。しかし、不動産賃借権は登記することが認められている（民法605
条・借地借家法10条・31条）。しかも、ほかの一般的な債権、たとえば金銭債
権とは異なり、賃借権は、債務者である賃貸人の行為を求める権利とはいえ、
実質的には物を対象としている権利でもある。これら理由から、不動産賃借
人も民法177条の第三者に該当し、CはBに対抗するために登記が必要であ
ると解されている。

　これに対して、CがBの賃借権の存在を認めた上で、新たな賃貸人として
Bに賃料を請求する場合（**図表 3-25**）にもC名義の登記が必要であろうか。
この場合は、CはBを追い出そうとしているわけではないから、BC間で両
立しえない権利関係が問題となっているわけではない。

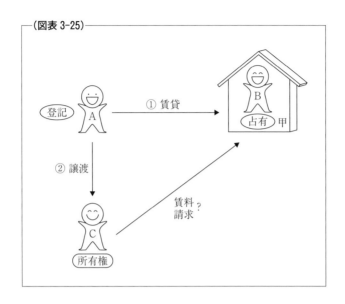

（図表 3-25）

しかしながら、Bの立場にたってみると、それまでの賃貸人Aとは異なるCが突然現れて賃料支払を求めてきても、Cが真の所有者なのかどうか、すなわち、真の賃料受取人なのかどうかがすぐにはわからない。そうだとすると、登記を判断基準として便宜上利用してもよいのではないか。そうすることによって、Bによる賃料支払をより安全なものにすることができるのではないか。このような観点から、結論として、Cが賃料請求する際にも登記が必要と解するのが正当であるということになる。

　もっとも、賃料請求をする場合に用いられる登記は、民法 177 条の対抗問題の解決基準としての登記ではないことに注意を要する。あくまで、Bによる誤った支払を防ぐために、便宜的に登記制度を利用しているにすぎない。この点から、学説は、このケースにおける登記を、権利保護資格要件としての登記と解して、対抗要件としての登記と、理論上区別して考えている。ただし、判例は、このケースにおける登記も対抗要件としての登記であると解している（最判昭和 49 年 3 月 19 日民集 28 巻 2 号 325 頁）。

❸差押債権者

　さらに、民法 177 条の第三者に客観的に該当する者として、差押債権者が
あげられる。A から建物甲を譲り受けた B が、登記を経由しない間に、A の
債権者 C が甲を差し押さえた場合（**図表 3-26**）、B は C に対して、登記がな
ければ所有権の取得を対抗することができないとされている（最判昭和 39 年
3 月 6 日民集 18 巻 3 号 437 頁）。

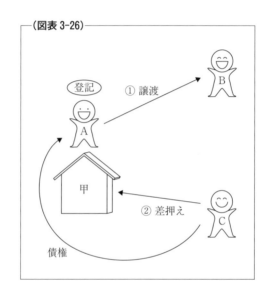

(図表 3-26)

　なお、C がたんなる一般債権者にとどまる場合には、この限りではない。
一般債権者は、目的不動産に対して特定の支配をもつにいたっていないから
である。

②否定例

❶実質的無権利者

　それでは、民法 177 条の第三者に客観的に該当しない者とは、どのような
者か。

　判例は、まず実質的無権利者をあげている。建物甲の賃借人 A が、賃貸人
B から甲の譲渡を受けた C との間で、その賃貸借契約を合意解除したにもか

かわらず、立ち退かなかったケース（**図表3-27**）において、判例は、A が無権原の不法占拠者であることを理由として、C は登記がなくても所有権に基づいて A に対して立ち退きを求めることができると判示した（最判昭和25年12月19日民集4巻12号660頁）。

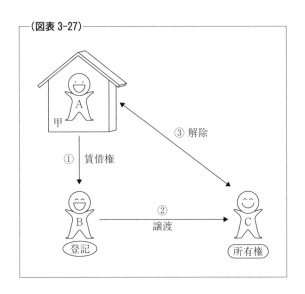

❷不法行為者

また、不動産に対して不法行為を行った者に対しても、所有者は登記がなくても損害賠償請求をすることができるとされている。

たとえば、建物に放火をした不法行為者が、所有者から損害賠償請求を受けた場合に、その所有者に登記がないことを奇貨として、その損害賠償義務を免れられるとすれば、この結論は不合理であろう。

❸不動産登記法5条所定の者

さらに、不動産登記法にも明確な定めがある。すなわち、詐欺または強迫によって登記の申請を妨げた第三者（不動産登記法5条1項）と、他人のために登記を申請する義務を負う第三者（同条2項）は、登記がないことを主張できない第三者と定められている。前者の典型例は、民法96条の要件を満たす

詐欺者や強迫者であり、後者の典型例は、登記手続の代理人となった司法書士などをあげることができる。

　これらに該当する者は、実質的な観点からも、登記がないことを主張するのは信義則（民法1条2項）に反すると考えられる。そこで、特別法である不動産登記法において、民法177条の第三者に該当しないことが明文で定められたのである。この規定は、後述する背信的悪意者の基準を検討する際にも、重要な視点を提示している。

(3)　主観的範囲

①背信的悪意者排除論

　それでは、民法177条における第三者の主観的範囲はどのように画すべきか。ここでとくに重要な理論が、背信的悪意者排除論である。

　たとえば、Aが、BとCに土地甲の所有権を二重譲渡したとする。この場合は、BとCのどちらか先に登記を備えた者が他方に優先するというのが、民法177条の帰結である。その際、第三者の善意や悪意、過失の有無といった、その主観的事情は、原則として問題にはならない。なぜならば、民法177条においては、第三者の主観的要件についてなんら言及されていないからである。

　しかし、たとえば、CがBをただたんに害する目的で二重譲渡に関わっていた場合（**図表 3-28**）にまで、CはBより先に登記を経由しさえすれば、保護されるのか。この結論は不当ではないか。このような疑問が当然生じてくるであろう。

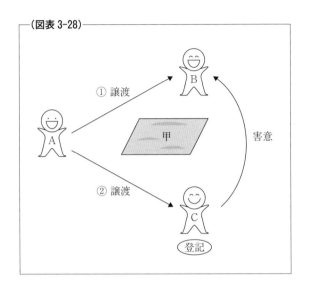

（図表 3-28）

②判　例

❶不動産登記法 5 条

　そこで、判例は、まず、前述した不動産登記法 5 条を根拠として、これに信義則違反をくわえて、不動産登記法 5 条に定められた第三者に類似するような、登記の欠缺を主張することが信義に反すると認められる事由がある場合には、そのような者も民法 177 条の第三者にあたらないとした（最判昭和31 年 4 月 24 日民集 10 巻 4 号 417 頁）。

❷背信的悪意者排除法理の確立

　さらに、判例は、不動産に関する実体法上の物権変動があった事実を認識しながら、その不動産について利害関係をもった者において、その物権変動について登記がないことを主張するのが信義則違反であると認められる事情がある場合には、このような第三者は背信的悪意者であって、登記の欠缺を主張する正当な利益を有しないから、民法 177 条の第三者にあたらないと解すべきとした（最判昭和 43 年 8 月 2 日民集 22 巻 8 号 1571 頁）。この判例により、背信的悪意者排除法理が確立された。

　とはいえ、この基準はいまだ抽象的であるから、具体的にどのような者が

背信的悪意者に該当するのかについて、さらに検討する必要がある。

③背信的悪意者の類型化

❶実質的当事者

　まず、譲渡人と譲受人が実質的に同一の関係にある場合や、親族関係など の密接な関係がある場合は、実質的当事者であり、背信的悪意者として、民 法177条の第三者から除外される。

❷不動産登記法5条に定められた者に類似する者

　また、不動産登記法5条に定められた者に直接あたるわけではないが、こ れに類似する者も、背信的悪意者として扱われる。

　たとえば、民法96条の詐欺や強迫の要件をすべて満たすわけではないけれ ども、詐欺的行為や強迫的行為を行った者が、不動産登記法5条1項所定の 者に類似する者として、背信的悪意者と認定される場合がある。

　そして、代理人そのものではないが、第一譲渡の立会人として参加した者 が第二譲渡の譲受人になった場合も、不動産登記法5条2項と同様の状況に あるとみることができる。あるいは、第一譲受人を物権取得者として認容す る行動をとっておきながら、自らが第二譲受人となったケースも、同様であ る。これらの者は、不動産登記法5条2項所定のものに類似する者として、 背信的悪意者に該当すると解される。

❸私怨をはらす目的

　さらに、二重譲渡の譲受人同士に、もともとトラブルがあり、その恨みを 晴らすためだけに第二譲渡に加わった場合も、その者は背信的悪意者と認定 されやすい。

④具体例

❶通行地役権のケース

　学説をみると、少数有力説においては悪意者排除説も主張されているもの の、多数説は判例のいう背信的悪意者排除論に同調している。

　このように、すでに確立された法理となった背信的悪意者排除論ではある けれども、いくつかの注目すべき判例があるので、これらをさらに考察しよ う。

　まず、Aが所有する土地甲に対して、要役地乙の所有者Bが通行地役権を有していたけれども、その地役権が未登記であった場合において、地役権者Bと承役地甲の譲受人Cとの間で紛争となったケースがある（**図表3-29**）。この事案において、CはBの通行地役権の存在それ自体については知らなかったけれども、甲の一部が通路として利用されていることが客観的に明白で、Cもその土地が通路として利用されていたことについては認識していた。

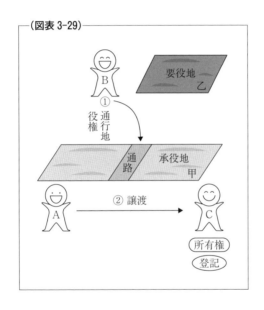

（図表3-29）

　判例は、この事案に関して、Cを民法177条の第三者に該当しないと判示した（最判平成10年2月13日民集52巻1号65頁）。Bによって承役地が継続的に利用されていることが、物理的状況から客観的に明らかであり、Cがその事実を認識していたか、あるいは、認識することができたときは、CはBの通行地役権の存在を知らなくても、民法177条の第三者にあたらないという。そうすると、背信的悪意者ではなくても、悪意者のみならず善意有過失者までもが排除されるようにも思われる。

　しかし、この判例の見解を根拠にして、ある不動産の利用状況が客観的に

明らかな場合に、その利用事実を認識することができる者を第三者から排除するという理論が、一般的に適用されることになったと解してはならないだろう。そもそも、この判例は、すでに確立している背信的悪意者排除論をどのように評価するのかについて、まったくふれていない。だから、判例が背信的悪意者排除論から悪意者排除論あるいは有過失者排除論に変更された、と解することは適切ではないのである。

　この判例は、あくまで通行地役権が問題となった場合に限定した上で、その地役権ではなく利用の客観的事実に関しての善意有過失者を排除する、という理解を示しただけにほかならない。実際にこのように解しても、Bによる承役地の利用は、所有者として引き続き認められるのであるから、所有権の二重譲渡の場面とは異なり、BC間でその土地の利用を調整することができるのである。

❷時効取得のケース

　さらに、土地の時効取得をめぐるケースで、その土地の譲受人に関する背信的悪意者性を判断するにあたり、譲受人が占有者による取得時効完成の事実それ自体を認識していなくても、多年にわたりその不動産が占有されている事実さえ認識していれば、背信性を加味した上で、その譲受人を背信的悪意者と認めることができる、と解する判例が現れた（最判平成18年1月17日民集60巻1号27頁）。

　この判例により、時効取得が問題となる場合には、背信的悪意者の認定にあたっての、悪意の認定基準が緩和されたことになる。この結果、背信性をさらに判断することは引き続き要するけれども、背信的悪意者として認定される余地はより広くなったと解することができる。

　また、この判例は、前述した、取得時効と登記の問題における学説から判例に対する批判への、判例からの応答とみることができる。判例によれば、時効取得後に現れた第三者との関係では、事案類型にかかわらず、民法177条が適用されて、登記を対抗要件として処理がなされるところ、境界紛争型の場合には、時効取得者に登記可能性が認められない、という批判が学説からあった。判例は、この境界紛争型のケースについて、第三者の悪意判断を

より緩やかにすることによって、その第三者の背信的悪意者性をより認めやすくし、この結果として、時効取得者の保護をより図ろうとしたと解される。

❸両事案の異同

　もっとも、上記2つの判例の事案は、実はかなり類似していた。前者は通行地役権が、後者は所有権の時効取得が、それぞれ問題とされていたから、両者は大きく異なるようにも思えるかもしれない。しかし、実際には、いずれの事案においても、土地の一部の通行利用が懸案事項となっていた。その利用権として、地役権を根拠とするか、それとも所有権を根拠とするか、の違いがあったにすぎなかった。

　このように、判例の抽象的な解釈論にだけこだわっていると、その背景事情を見逃してしまうことがよくある。だから、判例を学修するにあたっては、その判旨だけではなく、第一審・第二審の事実認定がどのようになされてきたのか、さらには、どうしてこのような紛争が生じてしまったのか、自分が当事者であったらどのような結論を求め、そのためにどのように理論構成を試みるか、についてもよく考究してほしい。

⑤転得者

❶背信的悪意者からの転得者

　以上のように、背信的悪意者の認定が行われる。しかし、たとえ背信的悪意者性が認められたとしても、たとえば譲渡人Ａと第二譲受人でありかつ背信的悪意者でもあるＣとの法律行為は、原則として有効である。ＡＣ間の法律行為が、Ｃが背信的悪意者であることをもって直接に公序良俗違反（民法90条）になるわけではない。だから、Ｃは、ただ第一譲受人Ｂとの関係においてのみ、民法177条の第三者から排除される、ということにすぎない。この点は十分注意しなければならない。

　したがって、土地甲の所有権に関して、背信的悪意者Ｃからの転得者Ｄが現れ、Ｄ自身がＢとの関係で背信的悪意者に該当する要件を満たしていないのであれば（**図表3-30**）、ＢＤ間の関係は民法177条における第三者関係となり、登記の有無が判断基準となる。ＡＣ間の法律行為が、公序良俗に反する（民法90条）など、特殊な事情により無効にならない限り、ＢＤ間は対抗問題

となる。このように、背信的悪意者の認定は属人的であるという点をとらえて、これを相対的構成と呼ぶ（最判平成8年10月29日民集50巻9号2506頁）。

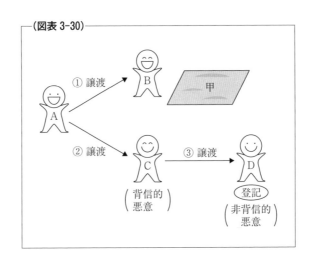

（図表 3-30）

❷転得者が背信的悪意の場合

　これに対して、Cは背信的悪意者ではなかったけれども、Dは背信的悪意者だった場合はどうか。この場合にも相対的構成を採用して、DはBとの関係では背信的悪意者である以上、民法177条の第三者から排除される結果、Bは登記がなくてもDに対抗することができる、と解することもできる。しかし、そうすると、DはCに対して、契約不適合責任を追及することができてしまうようにも思われる（民法415条・540条・561条）。というのは、Dは目的物の所有権を取得できていないのであるから、CD間の契約が履行されていない、とみることもできるからである。

　だが、このようなDによる追及を認めるのは不当であろう。そもそもDが背信的悪意者だったために、Dの所有権取得が認められなかったからである。それに、もしCがBの存在につき善意だったとすると、Bとの関係でDが背信的悪意者であることを認識するのは、論理的に不可能である。そのようなCに対して、Bとの関係で背信的悪意者ではない者と取引をしない限り

契約不適合責任を免れないとの負担を強いるのは、きわめて不合理であろう。

　したがって、Cが背信的悪意者ではなく、Dが背信的悪意者であるケースにおいては、Cの権利取得を確定させた上で、その後のDの背信的悪意者性は結論にもはや影響を与えないと解することもできよう。これを、絶対的構成と呼ぶ。あるいは、ここでも相対的構成を維持した上で、DのCに対する契約不適合責任の追及を阻止する理論を構築すべきであろう。

⑥自由競争に対する疑問

❶自由競争の意義

　ここまで、判例・通説が採用している背信的悪意者排除論について検討してきた。この法理の背後にある考え方は、二重譲渡を典型例とする民法177条が適用される場面においては、自由競争が原則として承認されている、ということである。

　すなわち、譲受人は、登記を備えない限り、第三者との関係において自らの権利取得を対抗できないのであるから、その第三者からすれば、譲受人が登記を備えるまでの間は、その不動産を確定的に取得するチャンスがまだ残っている、というわけである。ただし、その第三者が悪意のみならず背信的悪意である場合には、自由競争の範囲を逸脱しているので排除される。

❷履行の諸段階

　しかし、不動産の譲渡の履行過程には、いくつかの段階がある。たとえば、売主と買主の間で売買契約についての交渉が行われ、売買契約が締結され、代金が支払われ、登記が移転され、目的物の引渡しがなされる、といった過程を段階をふんで経ることもあろうし、売買契約・代金支払・登記移転が同時になされることもあろう。むしろ、後者のように、契約当事者とともに司法書士や金融機関関係者の立会いのもとで、同時に決済が行われるケースがとても多い。

❸悪意者排除説

　とはいえ、場合によっては、譲受人が登記をしない間にその不動産を利用し始め、生活を営んでいるケースもありうる。この場合に、その譲受人が登記をしていないことをもって、まだ自由競争の状態が継続しているとみて、

第三者が譲受人の存在を認識しているにもかかわらず、譲渡人と新たに契約をし、登記を備えて、占有利用をすでに開始している譲受人を排除することは、はたして認められてよいのだろうか。

　この場合においても、第三者が譲受人との関係で背信的悪意者でなければ、その第三者は民法177条に基づいて保護され、譲受人に自らの権利取得を対抗することができる。つまり、譲受人は自らの生活基盤を失うことになる。この結論は、譲受人の未登記が招いた結果ではある。しかし、第三者は譲受人の占有利用について知っていたのである。

　ここに、悪意者排除説が生じる契機がある。すなわち、民法177条の解釈論として、第三者の主観的な保護要件として、悪意でないこと、を求めるのである。あるいは、譲受人が目的物である不動産をすでに利用し始めていることが明らかである場合には、第三者がその事実を知らなかったとしても、その第三者は善意とはいえ重過失があると解し、さらに、その重過失を悪意と同視して、悪意者排除説または重過失者排除説をとる、という見解も有力である。これらの見解は、以上のような自由競争への疑問から提起されている。

❹物権行為の独自性の意義

　私見としても、この悪意者排除説による問題背景の理解に対して、共感するところがある。だからこそ、とりわけ不動産所有権の帰属に関して、このような登記と占有の乖離から生じる問題をそもそもできる限り回避するためにも、所有権移転時期について原則としての登記時説を採用すべき、と考えている。

　また、背信的悪意者排除論を維持するとしても、その背信的悪意者性の判断基準はいまだ曖昧である。そこで、譲受人が占有利用を開始した場合には、その時点で物権移転・成立に関する物権行為がなされたとみて、その物権行為の存在についての第三者の認識は、原則として背信的悪意につながる、との理論構成をとることはできないか。この点においても、物権行為の独自性を認める理論上・実務上の意義があると考えている。

四　無権限取引からの第三者の保護

1　問題の所在

　ここまで、不動産物権変動をめぐる諸問題について検討してきた。いずれの問題あるいは事例においても、譲渡人に物権が帰属していることを前提としていた。それでは、譲渡人が物権を有しておらず、かつ、他人が有するその物権を譲渡する権限すら有していないにもかかわらず、その譲渡人と取引をした者は、どのように扱われるべきか。

　たとえば、土地甲の所有者名義がBになっていたため、Cがその登記を信頼して甲の所有権を譲り受けようとしたところ、Aが、自らが甲の真の所有者であると主張して、Cの所有権取得を否定してきた。事実関係を調査したところ、Bの登記は実体法上まったく根拠のない不実の登記であることが明らかとなった（**図表 3-31**）。

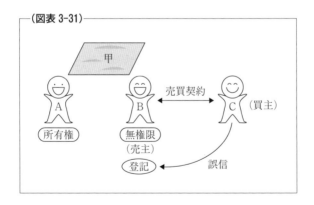

（図表 3-31）

　この場合、Cは原則として所有権を取得することができない。なぜならば、Bはそもそも無権利者であり、かつ、真の所有者Aから譲渡権限を付与されたわけでもないので無権限者にすぎないからである。無権利者との間で無権

限取引をしても、相手方はなにも譲り受けることはできない。すなわち、無から有は発生しない。このことは、民法における当然の原則であるから、明文の規定もあえて存在していない。ただし、BC 間の売買契約は、無権限取引を理由に無効となるわけではない。他人物売買であっても、有効な売買契約として成立する。

　だが、Cの立場からみると、登記制度という、不動産登記法に基づいて国家機関が関与しているシステムを信頼したにもかかわらず、まったく保護されないというのは、不測の事態であるようにも思われる。そこで考えられる方策として、登記に公信力を与え、登記内容を信頼した第三者を保護することが考えられる。

　しかしながら、日本法においては、動産の占有には公信力が認められているけれども（民法 192 条）、不動産の登記には公信力は認められていない。したがって、上記の事案においては、Cは所有権をやはり取得できない、というのが原則である。

2　民法 94 条 2 項の類推適用

(1)　権利外観法理

　とはいえ、無権限者との取引による権利取得一般について考えてみると、無権限者と取引をした第三者が民法上保護される場合があることに気づくだろう。

　心裡留保に関する民法 93 条 2 項、通謀虚偽表示に関する民法 94 条 2 項、錯誤に関する民法 95 条 4 項、詐欺に関する民法 96 条 3 項などが、その代表的な規定である。いずれも、真の権利者と第三者のそれぞれの利益を比較衡量した上で、とりわけ、真の権利者による外観作出の帰責性と、第三者の善意などの主観的要件とを考慮しつつ、結論を導き出すという点に特徴がある。不動産取引の場合、不実の登記が作出されたことに対して、真の権利者がどの程度関与していたか、また、不実の登記を真実のそれとして第三者がどの程度信頼していたか、が重視される。このように、上記のような通謀虚

偽表示などが直接に問題となるケースにおいては、それぞれ明文規定が用意されている。

　しかし、判例と学説は、この問題状況を抽象化して、権利外観法理の存在を認めている。すなわち、通謀虚偽表示などに直接には該当しなくても、その事案の特徴から、権利の外観の存在・外観作出に関する真の権利者の帰責事由の存在・外観への第三者の信頼の存在、の３つを導き出すことができる場合には、権利外観法理が適用される。具体的には、無権限取引からの第三者の保護に関する典型的な規定とされる民法94条2項を類推適用することができる、と解されている。

　この権利外観法理は、とりわけ目的物が不動産の場合に登記との関連で、よくとりあげられる。目的物が動産の場合にも、理論上は民法94条2項の類推適用はありうるが、動産の占有には公信力が認められているので（民法192条）、実際にはほとんどそれにより取引の安全が図られている。もっとも、民法192条は取得者に善意無過失を求めているところ、判例によれば、民法94条2項の類推適用の場合には第三者の保護要件として善意のみでたりるとされているから、目的物が動産である場合にも、取得者が善意有過失であるときには、民法94条2項を類推適用する意義はあるだろう。

　それでは、不動産が目的物である場合の判例が積み重ねられているので、具体例を示しながら紹介しよう。

⑵　**具体例**
①外形自己作出型
❶真の権利者による作出
　Aから土地甲を買い受けたBが、Aの依頼に基づいてAからCに対して甲の所有権の移転登記がなされることについて同意し、C名義の不実の登記がなされ、そのまま放置されていたところ、C名義の登記を信頼してCが真の所有者であると誤信したDが現れ、CD間で甲の所有権に関する売買契約が締結されたとする（**図表3-32**）。

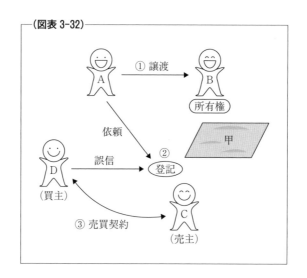

(図表3-32)

　この場合、民法94条2項を直接適用することはできない。なぜならば、BC間には虚偽の法律行為すらないからである。しかし、真の所有者であるBが同意して無権利者C名義の登記が作出され、その登記を第三者Dが信頼したということから、Bに外観作出への関与が認められる。これらの点にかんがみると、Dの立場からすれば、この事案は通謀虚偽表示の事案と本質的に異ならない、と解される（最判昭和29年8月20日民集8巻8号1505頁）。

❷保存登記

　さらに、この判例理論は、Aが建物甲を新築し、甲の所有者となったにもかかわらず、Aの指示に基づいて、甲の所有権の不実の保存登記がB名義でなされ、これを第三者Cが誤信した事案（**図表3-33**）にも適用された（最判昭和41年3月18日民集20巻3号451頁）。

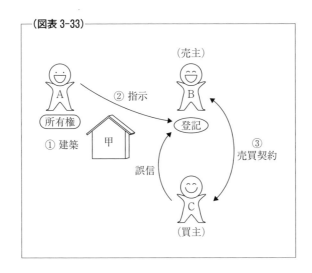

(図表 3-33)

この判例の特徴は、所有権移転登記ではなく保存登記がなされた場合にも、権利外観法理が適用された点にある。

❸登記名義人の不知

Bがまったく知らない間に、土地甲の真の所有者Aが勝手にB名義の不実の移転登記を行い、第三者CがB名義の登記を誤信した事案（**図表 3-34**）についても、上述した判例理論が適用されている（最判昭和 45 年 7 月 24 日民集 24 巻 7 号 1116 頁）。

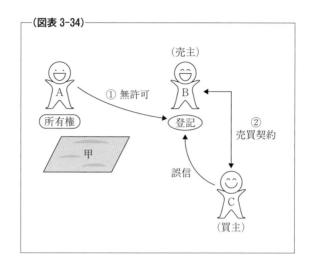

(図表 3-34)

(売主)

① 無許可

B

所有権

登記

②
売買契約

誤信

甲

(買主)

　これにより、民法 94 条 2 項の類推適用にあたっては、AB 間に通謀の外形すら必要ない、ということが明らかになった。

❹真の権利者の帰責事由

　これら判例理論を分析してみると、とくに重要な要件は、登記名義の作出という外観に対する真の権利者による関与である、といえる。これらケースはいずれも、真の権利者が他人名義の登記を作出することに積極的に関与したものと理解することができる。この点において、真の権利者の帰責事由が認められるのである。

②外形承認型

　それでは、土地甲の真の所有者 A は、B 名義の不実の登記の作出自体には当初まったく関与しなかったが、その後、B 名義の登記を認識した後も、その登記の存在を承認し、放置していた場合はどうか（**図表 3-35**）。この事案についても、判例は民法 94 条 2 項の類推適用を認めた（最判昭和 45 年 9 月 22 日民集 24 巻 10 号 1424 頁）。

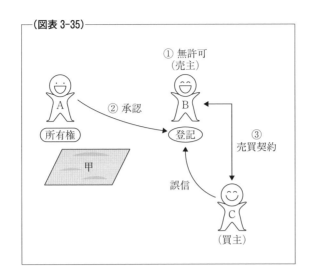

（図表 3-35）

すなわち、無権利者名義の登記が、事後ではあっても、真の権利者の承認を得て存続していることも、民法94条2項類推適用の要件を満たすと解されたのである。真の権利者による承認が、登記がなされた前後いずれの時点で与えられたかによって、民法94条2項の類推適用において違いを設けるべきではない、ということである。したがって、外観に対する真の権利者の関与は、消極的な承認でもよいということになる。

③外形一部作出型

❶具体例

現在においては、民法94条2項を類推適用することによって、無権限取引から第三者を保護するケースは、ますます拡大している。さらに、判例は、民法94条2項だけではなく民法110条をもあわせて適用することで、第三者の保護を図ることも認めている。

その具体例は、つぎの通りである。すなわち、土地甲の真の所有者Aの同意を得て、甲の所有権の移転を求める請求権を保全するためのB名義の仮登記がなされたところ、Aの許可を得ることなくBが自ら仮登記を本登記にし、Cとの間で甲の所有権についての売買契約を締結したという事案である

（**図表 3-36**）。

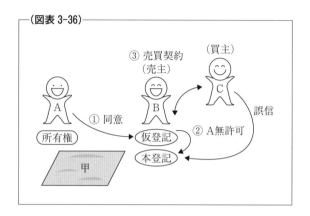

　この事案においては、仮登記については A の同意、すなわち外観作出に対してのAの関与が認められるけれども、本登記については A はまったく関与していない。そして、C が誤信したのは、その本登記であった。つまり、A が関与した外観と、C が誤信した外観とが、異なっている。

　しかし、判例は、この事案においても、C を保護することを明らかにした。ただし、民法 94 条 2 項と 110 条の法意にてらして C を保護するという、これまでの民法 94 条 2 項のみの類推適用とは異なる解釈論を採用した（最判昭和 43 年 10 月 17 日民集 22 巻 10 号 2188 頁）。

❷民法 94 条 2 項と 110 条の法意

　それでは、この解釈論と民法 94 条 2 項のみの類推適用との違いは、どこにあるのか。

　まず、仮登記という外観と、本登記という外観は異なるということである。たとえるならば、前者は小さな外観であり、後者は大きな外観といえる。A が関与したのは、仮登記という小さな外観に対してのみであったが、C が誤信したのは、A ではなく B が作り出した本登記という大きな外観である。ここに、これまでの事案との違いがある。

　そこで、判例は、権限外の行為の表見代理の規定である民法 110 条を用い

て、さらに同条と民法 94 条 2 項を組み合わせることによって、C の保護を試みたのである。

　もともと、民法 110 条は、基本代理権が存在することを前提として、その基本代理権の内容を越える行為が代理人によってなされてしまった場合に適用される規定である。基本代理権を小さな外観、代理人によって実際になされてしまった越権行為を大きな外観ととらえれば、上記事案との類似性をみることができるだろう。もっとも、だからといって、上記事案は代理の場面とはまったく異なる。だから、判例は、民法 94 条 2 項と 110 条の類推適用ではなく、両条の法意という文言を用いたのであろう。

　そして、民法 94 条 2 項のみならず 110 条をも用いることから導かれるのは、C の保護要件として善意だけではなく無過失までも要求される、ということである。すくなくとも判例においては、直接適用と類推適用とにかかわらず、民法 94 条 2 項を適用する場合の C の保護要件は善意のみで足りるとされているところ、これに民法 110 条があわせて用いられる場合には、C の保護要件がより厳しくなるのである。この事案においては、外観作出に対する A の関与の程度が、より小さいと評価される。だから、C の保護要件をより厳しくしたのである。

④外形与因型
❶具体例

　さらに、民法 94 条 2 項と 110 条の法意ではなく、両条を類推適用した判例も現れた。この事案は、土地甲の真の所有者 A が虚偽の外観を作出したわけではなく、かつ、その虚偽の外観を承認していたわけでもなかった。しかし、A は、外観を作出した B に対して、事前に登記手続書類などを交付したり、B が登記手続をするにあたっても漫然とそれを傍観していた、という点において、外観作出の原因を与えてしまっていた（**図表 3-37**）。外観作出について A の意思に基づく関与がないというのが、これまでの事案に直接にはあてはまらない特徴である。

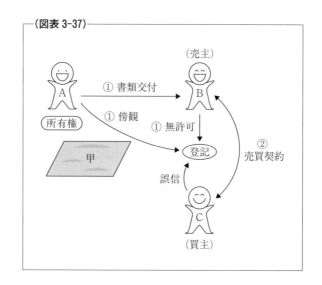

（図表 3-37）

判例は、このケースについて、Ｂが虚偽の外観を作出することができたのは、Ａがあまりにも不注意だったからであり、Ａの帰責事由の程度は、自らが外観を作出したりその外観を承認したりした場合と同視しうる、と解して、民法 94 条 2 項と 110 条を類推適用し、Ｃの善意無過失を要件としつつ、Ｃを保護する可能性を認めた（最判平成 18 年 2 月 23 日民集 60 巻 2 号 546 頁）。

❷民法 94 条 2 項と 110 条の類推適用

Ａの帰責事由は、これまでの事案のように意思に基づく関与がないので、その分小さいと考えられる。だから、実質的な利益衡量として、Ｃの保護要件を加重する必要がある。まず、この点において、民法 94 条 2 項のみの類推適用ではそのような要件を導き出すことができなかった。

また、先ほどの民法 94 条 2 項と 110 条の法意が用いられたケースと比較すると、このケースは、ＡがＢに登記手続書類を交付したことや、ＡがＢによる手続を漫然と見ていたことをとらえると、代理行為がなされたケースと外観がより類似している。このため、両条の法意という曖昧な表現ではなく、両条の類推適用という文言が用いられたと考えられる。

(3)　公信力との違い

　このように、権利外観法理が適用された場合のその効果だけをみると、あたかも登記に公信力が認められたのと同じ結論になったように思われる。しかし、民法94条2項の類推適用による第三者の保護と、登記の公信力による第三者の保護とでは、決定的に異なる点が存在する。それは、真の権利者による外観作出への関与を要する、ということである。つまり、真の権利者の帰責事由が、民法94条2項を類推適用するための要件として必要なのである。

　かりに登記に公信力が認められているのであれば、真の権利者に帰責事由がなくても、登記の公信力の効果として、善意の第三者の保護が図られる。しかし、日本法においては、登記に公信力は認められていない。だからこそ、民法94条2項の類推適用が求められているのである。したがって、民法94条2項の類推適用と、登記の公信力とは、厳密に区別して理解されなければならない。

(4)　対抗法理・無権利法理

　以上のように、不動産物権変動に関するさまざまなケースを検討してみると、判例が、民法177条を適用する事案と、民法94条2項を類推適用するなどの事案とを、分けて考えていることがわかる。

　前者は二重譲渡類似ケースであり、後者は転々譲渡類似ケースである。そして、前者については登記を基準として、後者については権利外観法理を用いて、問題の解決が図られている。前者を対抗法理、後者を無権利法理、ということもできる。

第三章　動産物権変動

一　動産物権変動における公示の原則

1　引渡し

(1)　対抗要件

　動産とは不動産以外の物である（民法85条・86条2項）。動産の取引は、不動産と比較してきわめて一般的かつ頻繁に行われている。また、二重譲渡または二重売買契約がなされてしまうこともある。それでは、動産物権変動に関する諸問題は、どのような要件に基づいて解決されるのだろうか。

　この点につき、まず、民法178条が、動産物権の譲渡に関しては引渡しが対抗要件となる、と定めている。不動産と比べて動産の数は圧倒的に多いから、すべての動産を登記によって公示するというのは現実的ではない。だから、動産については引渡し、つまり占有の移転が対抗要件とされているのである。

(2)　現実の引渡し

　それでは、引渡しとはなにか。民法は4つの方法を引渡しとして認めている。

　最も一般的な方法は、現実の引渡しである（民法182条1項）。これは、Aが占有していた動産甲を、実際にBに移転することである（**図表3-38**）。これによって、第三者からも、甲の占有がAからBに移転したことを認識する

ことができる。

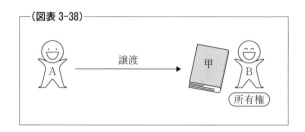

―（図表 3-38）―

譲渡

甲

A

B

所有権

⑶　**簡易の引渡し**

　しかし、占有の移転方法として、現実の引渡ししか認められないと、実務において不便が生じる。そこで、民法はさらに３つの方法を認めている。

　まずは、簡易の引渡しである。たとえば、動産甲の所有者であり賃貸人でもあるＡが、賃借人Ｂに対して、甲の所有権を新たに譲渡するとする（**図表 3-39**）。この場合、甲の直接占有自体は賃借権に基づいてすでにＢにあるのであるから、ＢがＡに甲の直接占有を戻して、再度ＡからＢに現実の引渡しをするというのは、迂遠である。

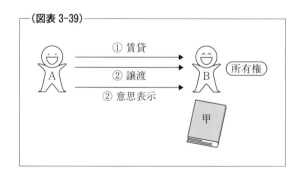

―（図表 3-39）―

① 賃貸

② 譲渡

② 意思表示

A

B

所有権

甲

　そこで、AB 間で占有権を譲渡するという意思表示をするだけで占有が移転することが、認められている（民法 182 条 2 項）。

⑷　占有改定

　つぎに、動産甲の所有者 A が B に動産所有権を譲渡するけれども、引き続き A が甲を占有利用し続けるとする。この場合、A が B に譲渡した甲を今後は B のために占有する、という意思表示を、A が B に対して行うことによって、B は甲の間接占有権を取得し、B への所有権譲渡の対抗要件としての引渡しが行われたことになる（**図表 3-40**）。

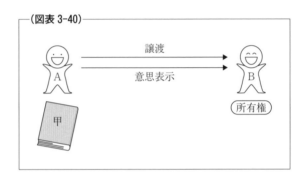

簡易の引渡しと同様に、A から B に一度現実の引渡しをして、B から A に再度現実の引渡しを行う不便を回避することができる。これを、占有改定という（民法 183 条）。とくに、動産の譲渡担保においてよく利用される（最判昭和 30 年 6 月 2 日民集 9 巻 7 号 855 頁）。なお、動産・債権を中心とした担保法制の見直しに関する議論が、現在行われている。

⑸　指図による占有移転

　そして、動産甲の所有者 A が C に預けている動産を B に譲渡するけれども、そのまま C が占有を続けるという場合がある（**図表 3-41**）。ここで、A が C に対して、今後は B のために甲を占有することを指示し、B がこれを承諾すれば、B は甲の間接占有者となり、A から B への引渡しがあったことになる。これを、指図による占有移転という（民法 184 条）。

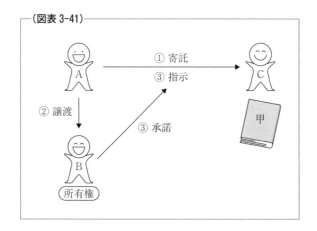

（図表 3-41）

なお、ここでのＡによる指示は直接占有者Ｃに対してなされるけれども、指図による占有移転が成立するための要件として、その指示について承諾をする必要があるのは、Ｃではなく譲受人Ｂであることに、注意を要する。

⑹　不完全な公示方法

このように、4つの引渡しを民法は認めている。しかし、占有改定や指図による占有移転がなされた場面においては、所有者と直接占有者が異なっている。つまり、第三者の立場からすると、外観からは所有権などの本権の帰属状態がわからないということになる。このことから、引渡しないし占有の移転は公示方法として不完全である、といえる。

たとえば、ＡからＢとＣそれぞれに対して動産所有権の二重譲渡が行われたけれども、直接占有はＡのもとにとどまっているとする。ここで、実はすでにＡからＢへの第一譲渡について占有改定もなされていれば、理論上は、Ｃは民法178条によりＢに劣後するということになる。しかし、直接占有がＡに残っていると、Ｂがまだ対抗要件を備えていないとＣが考えるのも、やむをえないといえる。そこで、不動産の登記とは異なり、動産については占有に公信力が認められているのである（民法192条）。この点については、後述しよう。

(7)　民法 178 条の適用範囲

　なお、不動産物権変動の場合と同様に、動産物権変動の場合にも、民法 178 条が適用される物権変動の範囲と第三者の範囲に関する点が、さしあたり問題にはなる。

　もっとも、その物権変動の範囲については、民法 178 条が物権の譲渡に限定して定めているから、意思表示による物権の移転に限られる。また、その第三者の範囲については、不動産物権変動における議論と同じく限定説が採用され、同様の議論が展開される。

　なお、動産に関する権利が相続によって承継され、かつ、それが法定相続分を超える場合には、民法 899 条の 2 が適用される。同条は、目的物を不動産に限定しているわけではないからである。したがって、同条は、民法 178 条の特則でもあるということになる。

2　動産譲渡登記ファイルへの登記

(1)　特例法
①立法過程

　このように、動産物権変動の対抗要件は、民法においては引渡しである。しかし、動産についても、特別法により、例外として登記することが許される場合がある。

　すなわち、2004 年に制定された、動産及び債権の譲渡の対抗要件に関する民法の特例等に関する法律（動産債権譲渡特例法）によって、その要件が満たされる場合に限り、動産所有権の登記が認められるにいたった。この動産債権譲渡特例法は、もともと、債権譲渡に関する登記について定めていた、債権譲渡の対抗要件に関する民法の特例等に関する法律（1998 年）を改正して、制定されたものである。

②内　容

　これにより、法人が動産所有権を譲渡する際に、動産譲渡登記ファイルへの登記を行い、この登記を対抗要件とすることができるようになった（動産

債権譲渡特例法 1 条)。

　たとえば、会社が融資を受ける際に、動産譲渡担保権が利用されることが
よくある。しかし、債権者の立場からすると、これまでは占有改定しか公示
方法がなく、第三者との関係で確実に優先権を行使できるかどうか不安で
あった。

　そこで、同法による登記を行うことによって、譲渡担保権の存在をより確
実に公示することができるようになり、結果として、会社にとっても融資を
受けやすくなる、という利点を享受することができるようになった。

　なお、先述したとおり、現在、動産や債権に担保権を設定する場合の規律
に関して、その改正に関する議論が活発に行われている。今後の動向を注視
しなければならない。

⑵　**要　件**

　同法による要件として重要なのは、法人による譲渡であることであり、自
然人による譲渡は対象外であるという点である(動産債権譲渡特例法 1 条)。ま
た、動産であっても、自動車などすでに登録制度などの方式で、引渡し以外
の公示方法が認められている場合には、同法による登記対象とはならない。

⑶　**効　果**

　要件を満たした上で登記がなされると、民法 178 条による引渡しがあった
ものとみなされる（動産債権譲渡特例法 3 条 1 項)。

　かりに、引渡しと登記が競合する場合には、どちらが先に行われたかに
よって優劣関係が決せられる。公示方法として登記が引渡しよりも明確であ
るからといって、登記が引渡しに遅れても優先するわけではない、というこ
とに注意を要する。

⑷　**手　続**

　動産譲渡登記ファイルへの登記の手続は、登記所が管轄となっている点で
は不動産登記と同様である（動産債権譲渡特例法 5 条 1 項)。ただし、法人であ

る譲渡人ごとに登記ファイルが編成されているので、人的編成主義が採用されている。動産の数や種類は、不動産と比較して膨大だからである。

　登記は譲渡人と譲受人の共同申請によって行われ、両当事者を確認するために必要な事項はもちろん、譲渡対象となっている動産を特定するための事項も、登記される（動産債権譲渡特例法7条2項）。また、その存続期間も登記事項であり、存続期間は原則として10年を超えることができないものとされている（動産債権譲渡特例法同条3項）。

二　動産の即時取得（善意取得）

1　要　件

⑴　前　提

①具体例

　前述のように、動産物権変動の対抗要件としての引渡しは、登記と比較して公示力が弱いことが明らかである。このため、動産甲の真の所有者はAであるところ、なんらかの理由で甲をBが直接占有している場合に、CがBを真の所有者と誤信して取引をしたときの、Cの保護が問題となってくる（**図表3-42**）。

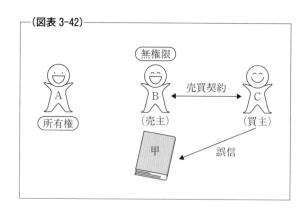

(図表3-42)

②立法趣旨

　この問題について、民法 192 条は、取引行為を通じて、平穏、公然、善意
無過失で動産の占有を始めた者を保護すると定めている。つまり、所定の要
件に基づき、上述の C を保護するとともに、A の所有権を喪失させるのであ
る。この制度を即時取得という。

　民法 192 条は、ローマ法とゲルマン法のそれぞれに淵源がある。ローマ法
には、無権利者からはなにも取得することはできない、とする原則があった。
ローマ法は、それでもなお、善意の取得者を保護する必要がある例外として、
占有に公信力を認めた。これに対して、ゲルマン法は、占有を取得した者を
保護することに重きをおいた。つまり、取得者の占有開始を重視した。

　民法 192 条はローマ法とゲルマン法のそれぞれの趣旨を受け継いでいる。
そこで、この規定は、民法典の物権法の中における規定の位置づけとしては、
占有を開始した取得者の占有権の効力として理解された。そして、この制度
は、占有権の効力に基づく即時の時効取得と解された。だから、即時取得と
名づけられたのである。これは、ゲルマン法の趣旨に親和的である。

　もっとも、現在では、この制度の実際の機能は、動産取引の保護と善意者
の保護にある。動産は、不動産と比較するとその取引数は圧倒的に多い。だ
から、取引の相手方が真の権利者であるかどうかをそのたびに確認するの
は、ほとんど不可能である。かりにそのような確認義務を取引の相手方に負
わせてしまうと、動産取引はいちじるしく滞ってしまうであろう。また、不
動産と比較すると、動産は高価ではないことも多い。このため、動産取引が
不動産取引よりも迅速性を重んじて行われることは、ある程度やむをえな
い。したがって、動産取引においては、真の権利者よりも取引の相手方の保
護を重視する規定がおかれたのである。これは、ローマ法の趣旨に親和的で
ある。この点をとらえて、民法 192 条の内容は即時取得制度ではなく、善意
取得制度であると解する見解も有力である。

③占有の公信力

　いずれにしても、このように占有の公信力が認められるのは、民法 192 条
という明文規定があるからである。これに対して、不動産登記に公信力を認

める明文規定はない。無権利者からはなにも取得できないのが原則であることは、上述したように、ローマ法以来の原則である。だから、無権限者との取引を通じて権利を取得するのを認めることは、その原則に反することになる。このため、その例外を認めるには、明文規定を要する。したがって、明文規定がないにもかかわらず、なんらかの外観に公信力そのものを解釈論によって認めるのは、きわめて困難である。

　以下では、動産の即時取得の要件を検討しよう。具体的には、目的物が動産であること、取引行為によること、前主が無権限者であるにもかかわらず動産を占有していること、取引の相手方が善意無過失であること、および、平穏かつ公然と占有を始めたこと、の5つである。

⑵　目的物が動産であること
①登録制度を有する動産
　まず、目的物が動産に限定されるのは、民法 192 条の規定から明らかである。だから、不動産は対象外である。

　それでは、自動車などのように登録制度を有している動産にも、民法 192 条は適用されるだろうか。判例は、自動車については、登録が所有権などの公示方法とされているから、民法 192 条の適用はないと解する（最判昭和 62 年 4 月 24 日判時 1243 号 24 頁）。学説もほぼ同旨である。

　したがって、そもそも民法 192 条が適用されないのだから、民法 192 条を適用した上で取引の相手方が登録内容を確認しなかったことが善意無過失の判断に影響を与える、というわけではない。

②特別法による登記がなされた動産
　また、前述した特別法により、すでに登記がなされている動産の場合はどうか。特別法による登記は、動産ごとではなく取引ごとになされる制度になっているから、特別法による登記がなされているからといって、民法 192 条が適用されなくなるわけではない。

　したがって、民法 192 条を適用した上で、取引の相手方が登記内容を確認したかどうかが善意無過失の判断に影響を及ぼすことも含め、同条の要件を

満たすかどうかを判断する、ということになる。

⑶　取引行為によること

　つぎに、取引行為によらなければならない、という点である。即時取得制度は動産取引の安全を図るためのものであるから、民法192条を適用するためには、前主と相手方との間で、売買などの取引行為がなされることが要件となる。民法が2004年に改正された際に、取引行為による旨の文言が追加されたため、明文上もこの要件の存在が明らかとなっている。

　したがって、相続は取引行為ではないから除外される。また、自らの所有物であると誤信して立木を伐採して取得したような、事実行為に基づく場合も、取引行為ではないので、民法192条の適用はない（大判昭和7年5月18日民集11巻1963頁）。

　なお、この取引行為自体は、完全に有効でなければならない。無権限の前主からの取得原因である取引行為自体に瑕疵がある場合にまで、民法192条が適用されて、その瑕疵が治癒されるわけではない。だから、その取引行為が、たとえば制限行為能力などを理由として、取り消すことのできる意思表示から成り立っていた場合には、その取消しの事由が民法192条の適用によってなくなるわけではない。

　さらに、学説においては、取引行為であってもそれが贈与などの無償行為である場合には、即時取得の要件を満たさないとする見解も有力である。なぜならば、無償の受贈者を保護してまで、真の権利者に不利益を与える必要はない、と考えられるからである。

⑷　前主が無権限者であること

　つづいて、前主が無権限者であることについてである。前主が真の権利者であったり、真の権利者から譲渡権限を付与されていれば、そもそも取引の相手方を即時取得によって保護する必要はないから、これは当然の要件である。

　前主が無権限者である典型例として、もともとは真の権利者との間に有効

な取引行為があったけれども、その後、取消しによってその取引が遡及的に無効となったケースや、前主が賃借人にすぎないケースなどが考えられる。

　なお、前主の占有が、前主が盗んだり拾ったりしたことによる場合も、前主はもちろん無権限者である。しかし、この場合は、民法192条ではなく193条以下の問題となるから、注意を要する。

⑸　相手方が善意無過失であること

　そして、取引の相手方が善意無過失かどうかが、実際には、民法192条による即時取得が認められるかどうかの重要なメルクマールとなる。同条の文言から、この要件があることは明白である。

　もっとも、善意は民法186条1項によって推定される。さらに、判例によれば、無過失も民法188条によって推定される。というのは、民法188条によれば、占有者が占有物について行使する権利は適法と推定されるから、その占有を誤信した者である相手方に過失はない、ということも推定されるからである（最判昭和41年6月9日民集20巻5号1011頁）。したがって、即時取得を防ぎたい真の権利者が、相手方の悪意または有過失を立証しなければならない。

⑹　平穏・公然に占有を始めたこと
①平穏・公然

　さらに、平穏かつ公然でなければならないという要件は、取引行為が有効なものであれば、通常はほとんど満たされる。しかも、善意とともに、平穏・公然も民法186条によって推定されるから、実際にはあまり問題にならない。

　むしろ、占有の開始が重要である。つまり、どの引渡しによって占有を始めたとしても、民法192条の要件は満たされるのか、という点がある。現実の引渡しと簡易の引渡しがこの要件を満たすことについては、とくに異論がない。問題は、占有改定と指図による占有移転による引渡しである。

②占有改定

❶判　例

　判例は、即時取得の要件を満たす占有開始として、外観上の占有状態が変更されるような占有を取得することを要するとして、占有改定をその要件として認めない（大判大正5年5月16日民録22輯961頁・最判昭和35年2月11日民集14巻2号168頁）。

　たとえば真の権利者である賃貸人と、その賃借人と取引をした相手方との利益衡量にかんがみると、賃借人から相手方に直接占有の変化があって、真の権利者である賃貸人の追及権をもはや考慮しなくてもよいような状態であれば、相手方を保護することもやむをえないといえる。これに対して、賃借人のもとに直接占有がとどまっている場合には、真の権利者である賃貸人からすると、賃借人が自らを裏切って相手方と取引をしたことに気づくのは難しい。判例は、この点に、占有改定をしたにすぎない相手方を保護する根拠は乏しい、とみているのである。

❷学　説

　学説においては、肯定説を採用するものは少ない。判例と同じく否定説を採用するものか、あるいは、折衷説をとるものが多い。

　折衷説は、原則として肯定説にたった上で、占有改定による占有開始の場合にも民法192条の適用をひとまず認める。ただし、その後、真の権利者が相手方よりも先に現実の引渡しを受けて直接占有を回復した場合にまで、相手方を保護するのはいきすぎであると考える。そして、真の権利者も相手方のいずれかが現実の引渡しを受けるまでは、即時取得の成立は未確定であると解する。

　この折衷説と否定説の違いは、相手方が占有改定による占有開始の時点で善意無過失であれば、その後、あらためて現実の引渡しがなされた時点で、相手方が悪意または有過失の状態になってしまっていても、民法192条が適用されて相手方が保護されるという点にある。

③指図による占有移転

❶肯定例

　判例は、指図による占有移転の場合が民法 192 条の占有開始にあたるかどうかについて、事案を類型化して判断している。そこでの判断基準は、占有改定の場合と同じく、外観上、占有状態に変更があったかどうかである。

　肯定されたケースとして、B が動産甲を A から賃借して、C に寄託していたところ、B は甲を D に売却し、C に対して今後は D のために甲を占有するよう指示をし、D がこれを承諾したものがある（**図表 3-43**）。

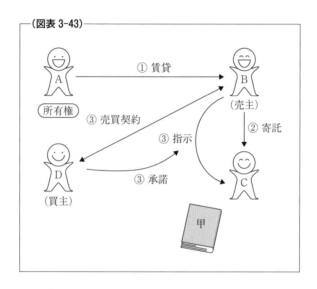

(図表 3-43)

　この場合、甲の直接占有は、A の直接の相手方である B から C に移転しているから、占有状態に変更があったといえる（最判昭和 57 年 9 月 7 日民集 36 巻 8 号 1527 頁）。

❷否定例

　否定されたケースとして、動産乙の真の所有者 A が B に乙を寄託していたところ、B に乙の直接占有がある状態で、B は C に乙を売却し、占有改定による引渡しが行われ、その後、C が D に乙を売却して、C が B に対して今後

はＤのために乙を占有するよう指示をし、Ｄがこれを承諾したものがある（**図表 3-44**）。

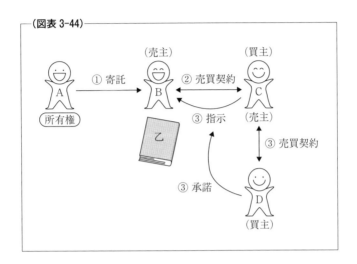

(図表 3-44)

この場合には、Ａから寄託を受けたＢのもとに、乙の直接占有はとどまったままである。だから、占有状態に変更がなく、判例によれば、民法 192 条の適用はないと解される（大判昭和 8 年 2 月 13 日新聞 3520 号 11 頁）。

2　効　果

即時取得の効果は、即時取得者である相手方が、その動産について行使する権利を即時に取得することである。取得される権利は所有権であることが多いが、これに限らない。取引によっては、質権や譲渡担保権も即時取得の対象となりうる。

そして、即時取得の反射的効果として、真の権利者はその権利を失うことになる。一物一権主義が適用される結果である。その後は、真の権利者から無権限者に対して、不法行為に基づく損害賠償請求権（民法 709 条）などの行

使が問題となる。

3 盗品および遺失物の場合

⑴ 例外としての民法 193 条
①真の権利者の帰責事由
　以上のように、民法 192 条の適用により、動産の無権限取引については、相手方が保護されることがあるけれども、このことは、真の権利者が不測の損害を被る可能性にもつながる。

　しかし、いくら動産取引を保護する必要性があるからといっても、動産を盗まれたり落としてしまったりすることによって直接占有を失っただけの真の権利者の利益までも犠牲にして、相手方を保護するというのは、真の権利者にとってあまりにも酷ではないか。
②盗品または遺失物
　そこで、民法 193 条は、占有物が盗品または遺失物である場合には、被害者または遺失者が、盗難または遺失の時から 2 年間に限って、回復請求することを認めている。この 2 年間という期間は、除斥期間と解されている。

　それでは、真の権利者 A が動産甲を B に盗まれ、B が C に甲を売却した場合において（**図表 3-45**）、民法 192 条の要件が満たされれば、C は甲の所有権をいったん即時取得した上で、民法 193 条に基づく A の回復請求により所有権が A に復帰するのか、それとも、民法 193 条の要件が満たされる場合には、A に甲の所有権はいぜんとして残ったままであり、2 年間の除斥期間が経過することによってはじめて、C が所有者となるのだろうか。

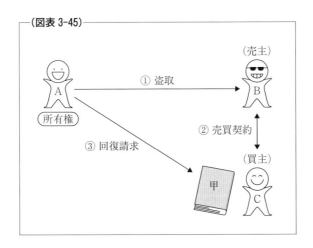

（図表 3-45）

　判例は、民法 193 条の趣旨について、盗難または遺失により占有が離脱した場合には、真の権利者に帰責事由はほとんどないから、原則として民法192 条の即時取得は成立しないものと解し、後者の見解にたっている（大判大正 10 年 7 月 8 日民録 27 輯 1373 頁）。

(2)　例外の例外としての民法 194 条
①内　容
　そして、民法 194 条は、192 条の例外である 193 条のさらなる例外規定となっている。民法 194 条の趣旨は、取引の相手方が競売もしくは公の市場または同種の物を販売する商人から動産を善意で買い受けたときは、真の権利者は、相手方が支払った代価を弁償しない限り、回復請求することができない、ということにある。
　相手方の立場からすると、競売・公の市場・商人から取得した動産については、盗品や遺失物ではないと信頼して取引をするのが通常である。だから、相手方をより保護する必要性がある。
②使用利益
　民法 194 条の適用がある場面において、動産をもはや自らの所有物である

と信じていた相手方は、真の権利者からの回復請求があるまでその動産を占有利用しているだろう。それでは、相手方は、真の権利者から回復請求を受けると、それまでの使用利益も真の権利者に返還しなければならないのだろうか。

　この点につき、判例は、使用利益の返還は要しないという。その根拠は、つぎの通りである。すなわち、相手方が、真の権利者による回復請求に対して、目的物の引渡しを拒む場合には、真の権利者は、代価を弁償して目的物を回復するか、それとも、その回復をあきらめるかを選択することができる。けれども、相手方は、真の権利者が目的物の回復をあきらめた場合には、その所有者として使用利益を享受しうるのに、真の権利者が代価の弁償を選択して回復を求めた場合には、それまでの使用利益を喪失すると解してしまうと、相手方の地位がいちじるしく不安定になってしまう。だから、真の権利者による代価弁償がなされるまでは、相手方に使用収益権がある（最判平成12年6月27日民集54巻5号1737頁）。

4　民法178条と192条の関係

(1)　登記と占有の違い

　不動産物権変動の対抗要件は登記であり（民法177条）、登記の公示力は強い。これに対して、動産物権変動の対抗要件は引渡しであり（民法178条）、その公示力は登記と比較すると弱く、とくに占有改定や指図による占有移転は、たとえば所有権の帰属状態と直接占有とが一致しないから、その公示力はほとんどない。

　したがって、不動産が目的物の場合には、判例によれば、二重譲渡類似ケースについては民法177条を適用して登記を用いて問題解決を図り、転々譲渡類似ケースについては権利外観法理を用いて処理をする、という区別をすることができる。

⑵　**具体例**

　しかし、動産が目的物の場合には、そうはいかない。たとえば、AがBに動産甲の所有権を譲渡したけれども（民法176条）、その対抗要件として占有改定が用いられ（民法178条・183条）、その後、AがCと甲の所有権に関する売買契約を締結したとする（**図表3-46**）。

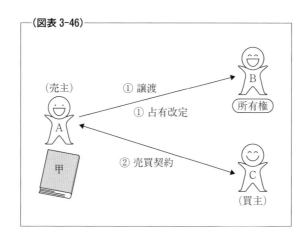

(図表 3-46)

　この場合、Aが甲の直接占有者であるから、Cが甲の所有者はAであると誤信することがありうる。ここで、Cが民法192条の要件を満たすと、Cは甲の所有権を即時取得する（民法192条）。

⑶　**民法192条の適用範囲**

　だが、この事案は、動産の二重譲渡類似ケースである。本来であれば、民法178条による対抗要件を備えたBが完全な所有者として、この問題は決着しているはずであった。それにもかかわらず、Aに甲の直接占有が残っていたことから、Cの即時取得の可能性が生じた。

　したがって、民法192条は、占有の公信力を認め、無権利法理を定めた規定ではあるものの、その適用事例は転々譲渡類似ケースに限定されず、二重譲渡類似ケースにも広がっているのである。

　そこで、学説においては、民法 178 条と 192 条の適用範囲をより区別する
ために、民法 178 条における対抗要件としての引渡しから、占有改定を除外
すべきとの見解が主張されている。あるいは、民法 178 条と 192 条の適用範
囲をより重ねるために、民法 178 条における第三者を善意無過失者に限定す
べきとの主張もある。

第四章　明認方法

一　立　木

1　構成部分

　ここで、明認方法と呼ばれる公示方法について付言しておこう。その目的物となることが多いのが、立木・未分離果実・大きな機械などである。ここでは、おもに立木について説明しよう。

　そもそも、土地に植えられている立木は、原則として土地の構成部分とされる。だから、土地に関する物権変動と運命をともにすることになる（民法86条1項）。

2　慣　習

　ところが、日本においては、ふるくから、立木を土地とは別の不動産として、取引の対象とする慣習があった。その際の対抗要件として、立札を立てたり、立木に墨書をしたりすることがあった。

　とはいえ、民法においては、そのような対抗要件は認められていない。だから、上記のような明認方法がとられていても、その後、土地所有権の譲渡が行われ、これについて登記が備えられてしまえば、立木を取得した者が新たな土地所有者に劣後するというのが、原則であった。

3　立木法

しかし、これでは立木の取得者に酷であり、また、上記のような慣習も一般に十分認識されていたことから、立木ニ関スル法律（立木法）が1909年に制定された。同法により、立木自体を独立した不動産とみなして登記を行う道が開かれたのであった。

しかし、同法はあまり利用されなかったため、判例はふるくから立札を立てるなどの慣習に基づく公示方法を、明認方法と称して、これに対抗要件としての効力を認めてきた。

二　明認方法による対抗

1　明認方法の具備

明認方法の具体例としては、立札を立てる方法や、立木を削って権利者の名前を墨書する方法などが考えられるが、もちろん、これらに限られるわけではない。

なお、登記と異なり、上記のような明認方法の多くは、時が経つにつれて風化してしまうおそれがある。この点につき、もともとは明認方法がなされていたとしても、第三者が取引関係に入った時点ですでにそれが消失してしまっていた場合には、対抗力はないものとされている（最判昭和36年5月4日民集15巻5号1253頁）。権利関係が公示されているとはもはや認められない以上、やむをえない。

2　明認方法の客体

客体としてあげられるのは、立木や未分離果実などである。また、大きな機械にネームプレートを掲げることも、考えられる。このようなネームプ

レートは、動産の譲渡担保がなされる場合によく用いられる公示方法である。占有改定の公示力が弱いからである。なお、売主が土地と区別して立木などの所有権を留保する場合にも、明認方法を利用することができる。

3　具体例

(1)　二重譲渡

　まず、立木の二重譲渡がなされた場合には、明認方法の先後が基準となる。

　また、土地甲の所有者 A が立木乙のみを B に譲渡し、その後、C に乙を含めた甲全体を譲渡した場合には（**図表 3-47**）、乙については、BC 間で対抗関係となり、明認方法が基準となって解決される。

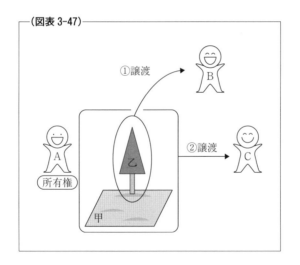

（図表3-47）

(2)　立木の留保

　では、土地甲の所有者 A が、立木乙の所有権を留保したまま、甲だけを B に譲渡したにもかかわらず、B が、乙を含めた甲全体を C に譲渡した場合はどうか（**図表 3-48**）。この点については、立木所有権の留保も物権変動にほ

かならないから、立木所有権を留保しても、明認方法を施さない限り、土地全体の所有権を取得した第三者に対抗することができない、と解されている。

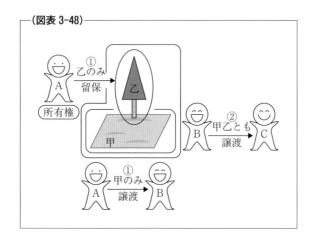

（図表 3-48）

第五章　物権の消滅

一　具体例

　物権の消滅も、物権変動にあたる。物権が消滅する具体例として、建物が全焼してしまった場合など、目的物が滅失してしまうことが考えられる。

　ほかにも、意思に基づく物権の放棄や、所有権以外の物権の時効による消滅（民法166条2項）もありうる。なお、所有権は消滅時効にかからないが、他人による所有権の時効取得により、もとの所有者が権利を失うことはありうる。

二　混同による消滅

1　原　則

　また、とくに説明を要する物権の消滅原因として、混同がある（民法179条）。

　民法179条1項によれば、同一物について所有権とほかの物権が同一人に帰属すると、ほかの物権は消滅するとされている。たとえば、抵当権者がその土地の所有権の譲渡を受ければ、その抵当権が消滅するということである。

　また、民法179条2項によると、所有権以外の物権とその物権を目的とするほかの権利が同一人に帰属した場合も、当該ほかの権利は消滅するとされ

ている。つまり、地上権に抵当権が設定されている場合に、その地上権の譲渡を抵当権者が受けると、その抵当権が消滅するということである。なお、地上権も永小作権も、所有権と同じく、抵当権の対象とすることができる（民法369条2項）。

2　例　外

　ただし、混同には例外がある。民法179条1項ただし書・2項後段によれば、その物または当該ほかの物権が第三者の権利の目的になっているときは、当該ほかの物権または権利は、混同の例外として消滅しないとされている。

　たとえば、Aが所有する土地甲にBのための地上権が設定されていたところ、Bが甲の所有権を譲り受けたが、Bの地上権がもともとCの抵当権の目的となっていた場合が考えられる（**図表3-49**）。この場合にBの地上権の消滅を認めてしまうと、Cの抵当権も、その対象であるBの地上権の消滅とともに消滅してしまうことになり、Cにとって不利益だからである。

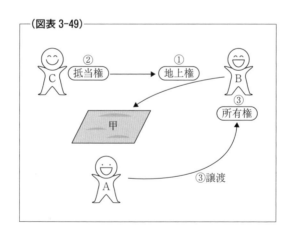

（図表3-49）

あとがき

　物権法はとても面白い学問分野だと思う。たしかに、契約法や不法行為法、あるいは、家族法ほどには、ふだんの生活に密着しているわけではないかもしれない。また、総則ほどには理論的・抽象的ではないかもしれない。さらには、担保物権法や債権総論ほどには金融実務に直結しているわけではないかもしれない。しかし、だからこそ、物権法の面白さがあるのではないか。

　物権法は、人と物の関係を規律している。物の帰属関係をはっきりさせることは、人間の営みにとって不可欠である。生活の基盤であるといってよい。この点において、物権法は私たちの生活に密接に関係する。そして、物権変動論をみてみると、物権法はとても理論的かつ抽象的な分野でもあることがわかる。このため、物権変動論を深く学ぶことは、民法学のみならず法律学一般を学修するにあたっても格好のトレーニングとなる。

　そもそも、私が物権法に関心をもったのは、自分自身が物に対してとても関心があったからである。幼い頃から、車が大好きだったし、今でもそれは変わらない。とくにポルシェ911というドイツ車が大好きで、そのために高校生の頃にドイツ語を選択し、その後のドイツ法を比較対象とした民法研究に役立っている。ほかにも、ローバーのミニクーパーも大好きで…。このように、車のこととなると、話が止まらない。

　むしろ、大好きな車を所有し、維持し、管理し、利用するために、人生を歩んでいるようにも思う。よくよく考えてみると、私とその車との間に物権関係がなければ、私がその車の所有権を有していなければ、私の人生は成り立たないともいえる。物が人を幸せにしてくれることは、多くの人々にとって実はよくある体験なのではないか、と思っている。

　ローンを組んで愛車を購入した直後は、私は愛車の占有者にすぎなかった。その後、ローンを完済し、愛車の所有権がようやく私に帰属したこととなり、車検証上の所有者名義も私に移した。ちなみに、自動車は動産である

けれども、登録制度が整備されており、即時取得の対象にはならないと解するのが判例である。

　それでは、愛車の所有権は私に厳密にはいつ移転したのだろうか。ふつうはローン契約において所有権移転時に関する特約が結ばれているだろうけれども、もしそのような特約がなかったらどうなるのだろう。私見によれば、登録された自動車も不動産と同じにとらえて、車検証上の所有者移転登録をした時となりそうだが、判例によれば、売買契約の成立時だろうか。これらのことを理解するためにも、また、愛車を安心して所有するためにも、物権法は必要不可欠なのである。

　民法に関連する法領域において、近年多くの立法と法改正がなされているところ、物権法の分野もいよいよその流れに巻き込まれてきている。しかしながら、このような立法活動においてまずもって重視されるべきは、当該分野のこれまでの学問上の営みである。本書が、物権法に関する解釈論と立法論にいくらかでも寄与することができているならば、これに勝る喜びはない。

　そして、本書の読者が、将来の物権法学を担っていくことを強く願っている。民法学を学ぶことは、法曹のみならず、公務員や企業就職を目指す者にとってももちろん役に立つけれども、そもそも、人生のあらゆる場面で有益であるといえる。これにくわえて、民法に関する学者・研究者というのも、とても興味深く、魅力的な仕事であるといつも感じている。私自身も、物権法をはじめとした民法学の一学徒として、引き続き研鑽を積んでいくことをお約束したい。

　本書を、今は亡き父二郎と母ハル子に捧げる。両親から受けた愛情に見合う仕事をするのは、不可能なのかもしれないけれども。

2023 年 5 月吉日
千葉県の湾岸エリアにて愛車を眺めつつ
大場浩之

事項索引

判例索引

条文索引

著者紹介

大場 浩之（おおば・ひろゆき）
1977 年：鹿児島県生まれ・東京都在住
1996 年：早稲田大学高等学院卒業
2000 年：早稲田大学法学部卒業
2002 年：早稲田大学大学院法学研究科修士課程修了
2003-2004 年：フライブルク大学（ドイツ）留学
2004-2007 年：早稲田大学法学学術院助手
2007 年：早稲田大学大学院法学研究科博士後期課程研究指導終了・
　　　　博士（法学・早稲田大学）
2007-2009 年：早稲田大学法学学術院専任講師
2009-2014 年：早稲田大学法学学術院准教授
2011-2013 年：マックス・プランク外国私法国際私法研究所（ドイツ・ハンブルク）
　　　　　　　客員研究員
2014 年-現在：早稲田大学法学学術院教授
2014-2017 年：早稲田大学法学部学生担当教務主任
2015-2019 年：地籍問題研究会幹事
2015-2022 年：日本弁護士連合会綱紀委員会委員
2016-2018 年：日本登記法研究会世話人
2017-2018 年：早稲田大学法学部教務担当教務主任
2017-2022 年：日本土地法学会理事
2018-2022 年：早稲田大学教務部副部長
2022 年-現在：早稲田大学教務部長

【主要業績】
『不動産公示制度論』（成文堂・2010）
『物権法講義案』（成文堂・2010（初版）・2013（第 2 版）・2015（第 3 版））
『物権法』（共著・日本評論社・2015（初版）・2019（第 2 版）・2022（第 3 版））
『取得時効の裁判と登記―事例を通じて探る実務指針―』（共著・民事法研究会・2015）
『ドイツ物権法』（共訳・成文堂・2016）
『物権変動の法的構造』（成文堂・2019）
『物権債権峻別論批判』（成文堂・2023）

物権法

2023 年 7 月 1 日　初　版第 1 刷発行

<table>
<tr><td>著　者</td><td>大　場　浩　之</td></tr>
<tr><td>発 行 者</td><td>阿　部　成　一</td></tr>
</table>

〒 162-0041　東京都新宿区早稲田鶴巻町 514 番地

発 行 所　　株式会社　成 文 堂

電話 03(3203)9201(代)　Fax(3203)9206
http://www.seibundoh.co.jp

製版・印刷　三報社印刷　　　　　　　製本　弘仲製本

☆乱丁・落丁本はおとりかえいたします☆　**検印省略**
ISBN　978-4-7923-2798-9　C3032

定価（本体 2300 円＋税）